高校通识教育丛书

基于人本主义教育视角的研究型大学创业教育模式研究

Study on Entrepreneurship Education Model in Research Universities from the Perspective of Humanistic Education

吴红云　著

中国科学技术大学出版社

内 容 简 介

本书聚焦基于人本主义教育视角的研究型大学创业教育模式，以人本主义教育思想为主线，采用定性研究方法，选取哈佛大学、马里兰大学、清华大学和复旦大学四所研究型大学作为案例，通过访谈、文献查阅、参加会议、现场考察等方式，围绕中外四所大学创业教育中的学习者、教育目标、教育教学方法、教育资源和环境等要素和关键环节，探寻不同国家大学生创业教育模式的异同，对其创业教育实践模式进行深度剖析。

图书在版编目(CIP)数据

基于人本主义教育视角的研究型大学创业教育模式研究/吴红云著. —合肥：中国科学技术大学出版社，2020.1

ISBN 978-7-312-04724-4

Ⅰ. 基…　Ⅱ. 吴…　Ⅲ. 大学生—创业—教育模式—研究　Ⅳ. G647.38

中国版本图书馆 CIP 数据核字(2019)第 119623 号

出版　中国科学技术大学出版社
安徽省合肥市金寨路 96 号，230026
http://press.ustc.edu.cn
https://zgkxjsdxcbs.tmall.com

印刷　合肥华苑印刷包装有限公司

发行　中国科学技术大学出版社

经销　全国新华书店

开本　710 mm×1000 mm　1/16

印张　13.75

字数　232 千

版次　2020 年 1 月第 1 版

印次　2020 年 1 月第 1 次印刷

定价　68.00 元

序

创业教育的重要性在中美两国高校已引起广泛关注，一些研究型大学因为具有良好的科研、教学基础与氛围，成为创业教育的标杆，引领创业教育的潮流。美国的一些研究型大学在课程设置、资金投入和实践平台建设等方面有很多成功经验。目前我国不少研究型大学正积极发展创新创业教育，在学习国外先进经验的同时也在探索适合自身的创业教育模式。

研究型大学的创业教育在实践中形成了不同模式，虽然这些实践模式体现了以学生为本的理念，但缺乏明确的以学生为中心的理论阐释。正如彼得·德鲁克所说，创业能力是可以教的。在创业教育过程中，创业教育课程的设置、创业活动的开展及创业氛围的营造等，应该遵循深层次的规律来组织；大学生创业能力的培养和发掘，应该有科学的理论来驱动。创业教育要充分调动大学生群体的积极性，才能达到发掘与培养他们的创业能力的目标。在创业教育中，学习者的中心定位非常重要。人本主义教育理论认为，课程目标、教学内容与方法、教学评估等要以学生为中心，注重学习者的需求、反馈和个体的发展。正是创业教育与人本主义教育理论的这种契合性，推动了本书内容的进一步深入。

为了回答研究型大学创业教育模式应该是什么以及怎么做的问题，本书首先对人本主义教育理论进行了阐释。其次，本书以人本主义教育理论为框架，结合阿兰·法约列的创业教育模型，构建了以学习者为中心的人本主义教育视角下的创业教育模式。在这一模式中，创业教育目标的制定、创业教育课程与方法的实施、创业教育资源与环境的创设等内容均围绕创业教育中学习者这一中心展开。然后，作者将哈佛大学、马里兰大学、清华大学和复旦大学四所名校的创业教育作为案例进行分析。为了探索这一模式中的各因素在创业教育实践中有哪些实践方法，作者以这一模式为框架，结合四所大学案例对各模块内容进行系统梳理。接下来本书结合这四所研究型大学案例对其创业教育模式的差异进行了归纳，并剖析了产生这些差异的原因。因为背景及国情的不同，中美两国研究型大学的创业教育即使在同一视角下，其具体实践方式也存在差异。最后，结合中国国情，本书提出了一些创业教育相关政策和管理方面的建议。

本书有如下三个创新之处值得肯定：第一，作者在书中将人本主义教育理论引入创业教育模式研究，为创业教育研究提供了新的理论视角，对完善创业教育理论具有一定的贡献。第二，本书积极尝试运用人本主义教育理论框架对中美两国四所名校的创业教育实践案例进行分析和比较，拓展了人本主义教育理论的实践应用。第三，本书的研究有助于我国研究型大学探索适合自身发展的创业教育模式。我国创业教育起步较晚，如何扎根中国大地，构建适合中国国情的创业教育模式，是目前我国研究型大学创业教育面临的迫切任务。本书有助于我们更好地理解我国高校创业教育所处的宏观环境，立足本国、借鉴国外，找准我国高校创业教育的基本定位，促进我国高校创业教育实践的改革和发展。

本书凝聚了作者 5 年博士学习和研究的成果，书中不乏一些具有学术参考价值的观点，将对关心和研究中国高校创业教育的读者有所启发和帮助。然而，创业教育研究涉及的领域宽广，有待深入研究的问题颇多。作者在书中探讨的研究型大学创业教育模式问题，还需要在深度和广度方面进行拓展。同时，创业教育模式的实践问题还需要结合更具体的现实情况，才能生发出更有价值的论述。希望她在今后的学术研究中能继续深入探索，不断努力，为创业教育的理论与实践研究作出贡献。同时也希望各位专家、学者、同行多给她提意见，鼓励和帮助她在学术上不断进步。

2019年5月

前　言

在创新引领潮流的时代，高等院校的人才培养面临着越来越多的挑战。在高校从教近20年，我深切感受到现代科技的进步、经济与社会的发展对各行业人才的需求越来越迫切，尤其是那些富有创新与创造力的人才。创新创业教育的兴起正是缘于教育界应对经济与社会发展对创造性人才的需求而进行的教育改革。

作为一名一线教师，我深知教育不应该以培养会背书、会考试的学生为目标，而应该以培养学生的创新思维、创造力以及提升他们的综合素养为宗旨。我也常常思考如何培养具有创新思维与创造力的学生这一问题。

创业教育在中国是一门新兴学科。创业教育的最终目标是培养学生的创新能力与创业素养。美国大学毕业生的创业成功率达到20%以上，而中国大学毕业生的创业率只有3%～5%，所创企业的成活率更低，大多数企业撑不到3年。这些与创业教育相关的现实问题一直萦绕在我的脑海中。

2015年年底，我有幸考察了美国的一些大学，其中包括哈佛大学与马里兰大学。这些学校的创新创业教育给我留下了深刻印象。他们的创新创业教育形式多样，并且营造出轻松、活泼的创业氛围。形成这些现象的根源是美国教育奉行的“以学生为中心”的人本主义教育理念。

由于人本主义教育理念在美国的教育体系中具有较深远的影响，这种“以学生为中心”的教育思维在大学教育中也随处可见，在强调实践和创新的创业教育中更是如此。国内高校的创业教育中，个别著名高校如清华大学和复旦大学等，其创业教育中“以学生为本”的理念也得到了一定的体现，但大多数高校的创业教育实践并没有真正做到以学生为本。这也许是中国大学生创业成功率低的根本原因。由此，笔者萌生了撰写本书的想法，希冀能从中探索出适合我国大学创新创业教育的模式，为创新创业教育的发展寻求新的突破点。

目　　录

第1章　绪　　论

1.1　研究型大学创业教育背景

1.1.1　研究型大学创业教育现状

在当今时代，创新、创业遍及世界每个角落。创业教育在世界范围内受到高度关注，被广泛认为是推动社会经济发展的新动力①。众所周知，研究型大学除了科研与教学之外，还担负着“第三种使命”，即担负着促进经济和社会发

① BROCKHAUS R H, HILLS G E, HEINZ K, et al. Entrepreneurship education: a global view[M]. Burlington: Ashgate Publishing Company, 2001.

展的责任，因此其在国家创新体系中的角色也在不断演变①。世界发达国家如美国、德国、日本等国的研究型大学因具有良好的科研设施、智力资源及充足的研究经费等条件，在本国的创新创业体系中发挥着极其重要的作用。尤其是美国的研究型大学，其创业教育不论从理念、设施条件方面来说，还是从经济和社会效应方面来说，都居世界前列。一些著名的研究型大学，致力于将科研成果通过技术转让不断走出大学围墙，走向市场和社会，将大学发展成如企业一般不断创造财富的组织，因而被冠以“创业型大学”的称号，如美国的斯坦福大学等。研究型大学在国家的创新创业体系中具有重要地位。2012 年，美国国家研究委员会发布了《研究型大学与美国未来：美国繁荣与安全的十大突破性举措》的研究报告。该报告将研究型大学置于国家、创新、企业及整个高等教育系统的背景下予以思考和评估，并指出要恢复美国研究型大学在“大学-政府-企业”创新中的伙伴关系，这一报告指明当前研究型大学仍然将在国家整个创新创业体系中发挥重要作用②。2013 年，美国商务部又发布了《创新与创业型大学：聚焦高等教育、创新和创业》的报告，这份报告的产生主要源于美国 140 多位研究型大学的校长的推动，是一份最新的美国研究型大学创业教育发展蓝图。报告在主要内容中首先提到的是促进大学里学生和教师的创新与创业③。

当前我国进入“双创”时代，创业教育成为培养我国“双创”人才的重要途径。我国研究型大学的创业教育虽然起步晚，但是国家一直坚持研究型大学的创业教育要以人才培养为本。培养大学生创业素养和能力不仅是解决大学生就业的途径之一，也是创业时代我国研究型大学创业教育的人才培养目标和要求。然而，我国研究型大学的创业教育与美国等发达国家相比仍有差距。在全球化的国际形势下，作为高端科研和知识聚集地的中国研究型大学已开始意识到升级、改革其创新创业教育的紧迫使命和挑战。国家也出台一系列措施、政

① READINGS W. The university in ruins[M]. Cambridge: Harvard University Press, 1996. ETZKOWITZ H, WEBSTER A, GEBHARDT C, et al. The future of the university and the university of the future: evolution of the ivory tower to entrepreneurial paradigm. Research Policy[J]. 2000(29): 313-330.

② National Research Council of the National Acade. 研究型大学与美国未来：美国繁荣与安全的十大突破性举措[M]. 朱健平，译. 长沙：湖南大学出版社，2015.

③ 赵中建，卓泽林. 美国研究型大学在国家创新创业系统中的路径探究：基于美国商务部《创新与创业型大学》报告的解读与分析[J]. 全球教育展望，2015，44(8)：41-54.

策支持研究型大学的创业教育改革。如国家建设的“双创”基地和双一流高校中大多数是研究型大学。2015年,国务院办公厅出台了《关于深化高等学校创新创业教育改革的实施意见》①。紧接着,我国一流的研究型大学如清华大学、复旦大学等纷纷发布关于深化创新创业教育改革的实施方案②。我国研究型大学的创业教育从无到有,正在不断发展。“十二五”期间,我国普通本科高校用于创业教育的实验室数量超过28 000个,实验设备仪器总价值达2 200多亿元,大学生校外实践基地建设项目数量达840个。此外,创业教育的课程及师资等建设也快速发展③。

在当今创业教育蓬勃发展的背景下,研究型大学既要完成其“第三种使命”,即承担推动科技和经济社会发展的责任,又要秉承科学研究和教育培养人才的使命。根据目前的实践情况,尽管从社会经济视角看,如美国斯坦福大学等的创业教育实践模式无疑是有效的,然而从人才培养这一角度看,这些研究型大学目前的创业教育实践模式过于市场化,偏离了人才培养的目标定位。哈佛大学教授詹姆斯·恩格尔曾将这样的大学称为“市场模式的大学”④。目前研究型大学的创业教育面临的这一问题不仅与创业教育课程设置有关,更关系到大学的整个创业教育模式问题。在当前创新引领发展的形势下,研究型大学的创新创业如何与其传统的科研、教学功能相结合?如何凸显其创新创业人才培养的目标定位?其创业教育的发展应该有怎样的模式?这些问题同样也是我国研究型大学正在面对的。同样,为解决这些问题,我国研究型大学创业教育的定位也需要转变,应该回归到用高等教育人才培养基本使命的视角来考察大学创业教育的定位问题⑤。

---

① http://www.gov.cn/zhengce/content/2015-05/13/content_9740.htm.

② http://www.moe.gov.cn/s78/A08/gjs_left/s3854/cxcyjy_ssfa/index.html.

③ 薛成龙,卢彩晨,李端淼.“十二五”期间高校创新创业教育的回顾与思考:基于《高等教育第三方评估报告》的分析[J].中国高教研究,2016(2):20-28,73.

④ ENGELL J, DANGERFIELD A. The market-model university: humanisties in the age of money[M]//哈瑞·刘易斯.失去灵魂的卓越.侯定凯,译.上海:华东师范大学出版社,2007:195.

⑤ 杨晓慧.我国高校创业教育与创新型人才培养研究[J].中国高教研究,2015(1):39-44.

1.1.2 研究型大学创业教育的指导思想

世界发达国家的创业教育在兴起之初，都带有一定的实用主义色彩。20世纪四五十年代，美国当时面临从第二次世界大战以来一直依赖军事工业的经济发展模式转型，同时也是为了培训大量的退伍军人的需要，创业教育逐渐兴起；英国的创业教育起源主要与推动高校毕业生的就业有关；德国的创业教育发展主要是由于其工业及经济的发展对科技的需求很大；而日本的创业教育发展之初更直接与培养企业家相关，以此推动经济复苏。如今发达国家的创业教育发展在课程、专业、师资及创业生态体系等方面日趋成熟，世界发达国家越来越重视创新在大学创业教育中的重要性，从而也更加意识到培养学生创新创业意识和能力的重要性，而不能只是为了创立企业、发展经济、创造就业岗位或培养企业家。

研究型大学的创业教育要回归人才培养的本位，首先要确立创业教育人才培养的指导思想和理论。长期以来，研究型大学的创业教育及其研究应该由怎样的思想理论指导，这一问题已成为社会共同关注的焦点。创业教育在发展初期或是为了发展经济、创造就业，或是为了培养企业家，体现了明显的实用主义教育思想。随着创业教育的发展，创业教育越来越显示出其在人才培养方面的宏大的教育视野。创业教育超越了对经济效益及就业岗位等实用性目标的追求，逐渐与人才培养的宏观目标相结合；创业教育的学习者也从大学的商学院学生发展到其他专业的学生，甚至从大学生发展到社会其他人士及中小学生；创业课程内容既包括经济和商务知识技能，也包括科技、人文知识，甚至领导力、人际交流能力及企业家精神等；创业教育的教学场所从教室走向真实的工作与生活场所，教学方法也从单纯的知识传授发展到实践技能的获得①。

创业教育的这一发展趋势突破了以往一些主要的教育思想的局限。结构主义教育理论以学科知识的认知为核心，强调认知的结构在学习过程中的作用。很显然，结构主义的教育理论主要局限于学习过程的研究，倾向于以课程

---

① WU H，GU J. Rethinking what is entrepreneurship education：a macro integrative perspective[J]. International Education Studies，2017(6)：150-158.

为中心的教育理论。很显然它与创业教育的教育目标、课程内容、教学方法等所体现的宏观视角不相符合。

创业教育的知识和能力培养是遵循一定体系的，这与实用主义否认知识传授系统性的观点是不相符的。同时，创业教育虽然强调实践的重要性，却并不是如实用主义认为的那样，学习与生活、学校与社会没有任何差别。

创业教育的发展趋势体现了人本主义教育思想的、以学生为中心的全人教育理念。从创业教育的目标、课程内容与方法、创业教育的评估到资源环境等整个实践过程，都需要以学生为中心，充分激发学生的兴趣、动机和创造力。

“研究型大学作为国家自主创新的思想库，引领高端科技发展，应该培养具有合作意识、创新精神、冒险精神和社会责任感，能够在国家和区域政治、经济、文化中起到引领作用的创新型人才。”①正如查尔斯·艾略特所言：“技术学校的教师和学生不应该遗忘实用性的目标，而在大学里（此处指研究型大学），我们就不能唯‘实用主义’马首是瞻。”②以人本主义教育思想指导研究型大学的创业教育，有利于研究型大学的创业教育坚持人才培养的根本，不至于迷失在实用主义、急功近利的泥潭之中；有利于研究型大学以更广阔的视角搭建创业教育的平台和网络，而不至于将创业教育的发展局限于某个专业、课程，或者某个学校、地区和国家。研究型大学与其他院校的差别决定了其创业教育指导思想的不同。

1.1.3 研究型大学创业教育模式

一个国家的大学创业教育模式，是基于该国基本国情的历史选择。世界上的高等教育模式多种多样，大学创业教育也是如此。在创业教育实践中，不同主体、不同视角有不同的创业教育模式。如果这些实践模式缺乏系统、科学的理论指导，往往造成创业教育实践各要素之间不存在紧密的、逻辑性的联系，从而只能产生拼凑零散的创业教育元素的结果，这样的创业教育实践模式不免流

① 李志敏，王连森. 研究型大学创业教育的定位与评估[J]. 创新与创业教育，2013(3)：25-28.

② ELIOT C W. The new education: its organization[M]//哈瑞·刘易斯. 失去灵魂的卓越. 侯定凯，译. 上海：华东师范大学出版社，2007：195.

于形式主义和教条主义，对研究型大学培养学生的创业能力和素养没有真正的作用和意义。

同样的，在创业教育的理论研究中，在不同出发点及不同研究视角下，也有不同种类和形式的创业教育模式。从大学层面对创业教育进行研究较为普遍。我国学者将大学创业教育模式归纳为"聚焦式""磁铁式""辐射式""混合式"等种类①。研究型大学的创业教育需要教育理论的支撑。到目前为止，创业教育研究普遍缺乏合适的理论基础，这一点几乎成为共识。创业教育作为一门新兴的学科，其研究一直因缺乏理论基础而备受诟病②。目前在大学层面对创业教育内容的研究主要借助艾兹科维茨(Etzkowitz)和雷德斯多夫(Leydesdorff)的"三螺旋"理论③，邓恩(Dunn)的创业生态系统理论④，以及利益相关者理论等进行论述。这些理论的基础都源于教育学之外的生物学科和经管领域。目前从教育学学科理论角度研究创业教育的仍然为数较少⑤。研究型大学创业教育研究缺乏从大学教育层面进行的微观解读。从三螺旋理论及创业生态系统理论出发的研究型大学创业教育模式研究，旨在从国家、政府、企业和高校等组织层面间的关系上，从宏观上探讨发挥大学创业教育的作用。如迈克尔·菲特斯(Michael L. Fetters)等基于大学的创业教育生态系统研究⑥，以及艾利克

① 刘帆，王立军，魏军. 美国高校创业教育的目标、模式及其趋势[J]. 中国青年政治学院学报，2008(4):98-101.
罗媛. 美国高校创业教育探析[J]. 比较教育研究，2010(10):55-60.

② FAYOLLE. Personal view on the future of entrepreneurship education[J]. Entrepreneurship & Regional Development，2013(7,8):692-701.
NAIA A，BAPTISTA R，JANUARIO C，et al. Entrepreneurship education literature in the 2000s[J]. Journal of Entrepreneurship Education，2014(2):118-244.

③ ETZKOWITZ H，LEYDESDORFF L. The dynamics of innovation: from national systems and "mode 2" to a triple helix of university-industry-government relations[J]. Research Policy，2000(2):109-123.

④ DUNN K. The entrepreneurship ecosystem[J]. MIT Technology Review，2005(9):1.

⑤ 黎江. 对高等教育领域创业教育模式的认识[J]. 高等农业教育，2004(12):14-17.

⑥ FETTERS M，GREENE P G，RICE M P. The development of university-based entrepreneurship ecosystems: global practices[M]. Northampton: Edward Elgar Publishing Limited，2010.

斯·马里兹(Alex Maritz)等的创业生态系统中大学创业教育的作用机制研究①。同时,研究型大学创业教育模式研究缺乏从学习者这一主体角度进行系统的考察。尽管有一些学者如唐纳德·萨克森(Donald Sexton)和南希·厄普顿(Nancy Upton)的研究主张依据学生心理层面的需求来设置课程内容结构②,但是他们的研究过于零散,没有形成系统的模式。而以阿兰·法约列(Allain Fayolle)为代表的一批学者虽然提出了相关的概念模型③,但是这些模式研究也都是从课程设计角度出发,以教育目标为中心而进行的。迈克尔·H. 莫里斯(Michael H. Morris)等研究发现,社会对创业教育的需求与对创业教育方法的研究有很大差距,创业教育所传授的内容,与真实的创业活动之间有差异④。研究型大学创业教育模式研究与其创业教育实践之间出现明显的偏差,且没能体现其创业教育应围绕培养具有创造力的人这一中心。相关研究没有切中创业教育真正的核心——创业教育学习者,而创业教育学习者恰恰是创业教育中创造力的主体。

研究型大学的人才培养定位与其他院校不同,这就决定了其创业教育模式与其他类型高校的差异。对一流的综合性研究型大学来说,其创业教育模式的核心是:培养具有创新创业素养的高级专门人才,而应用型大学或职业技能型高校其创业教育模式应围绕的人才培养定位则是:面向生产、管理和服务等领域的、一线的应用型创新创业人才。

因此,研究型大学的创业教育模式研究需要以新的理论视角来审视。人本主义教育思想"继承了西方的人文主义教育传统","主张教育应培养整体的、

① MARITZ A, KOCH A, SCHMIDT M. The role of entrepreneurship education programs in national systems of entrepreneurship and entrepreneurship ecosystems[J]. International Journal of Organizational Innovation, 2016(4):7-26.

② SEXTON D, UPTON N. Evaluation of an innovative approach to teaching entrepreneurship[J]. Journal of Small Business Management, 1987(1):35-43.

③ FAYOLLE A, GAILLY B. From craft to science: teaching models and learning processes in entrepreneurship education[J]. Journal of European Industrial Training, 2008(7):569-593.

MARITZ A, BROWN C. Illuminating the black box of entrepreneurship education programs[J]. Education+Training, 2013(3):234-252.

④ MORRIS M H, WEBB J, FU J, et al. A competency-based perspective on entrepreneurship education: conceptual and empirical insights[J]. Journal of Small Business Management, 2013(3):352.

自我实现和具有创造性的人"[①]。人本主义口号是20世纪70年代美国课程改革的旗帜,对美国、欧洲乃至世界教育的发展都产生了极大的影响。我国古代的传统文化有着深厚的人本主义精神内涵,而现代中国弘扬的马克思主义思想也将人的全面发展视为其最核心的理念[②]。从人本主义教育理论视角出发研究创业教育模式,在文化传统意愿上具有合理性。人本主义教育理论倡导以受教育的对象为中心,有利于在轻松的师生关系氛围、充分发掘学生创造力的课程和教学以及真实的社会实践环境中,培养真正具有创业素养和能力的人才,可以更好地实现研究型大学教育以人为本的宗旨,有助于研究型大学创业教育达到终极和长远的人才培养目标,而不仅仅是从社会经济效益方面提高研究型大学创业教育的成效。总之,以人本主义教育思想为指导构建研究型大学创业教育模式,有助于研究型大学实现其创新创业人才培养的目标,有助于其在地区、国家及全球的创新创业环境中充分发挥其优势和实力。

本书选取中外四所研究型大学作为案例,对它们的创业教育实践模式进行深度剖析,探寻不同国家大学创业教育模式的异同。同时希望从其他国家的发展经验中获得借鉴,从而更好地解构我国的大学创业教育生态,建构基于中国国情的、具有世界先进水平的大学创业教育模式。

1.2 研究型大学创业教育模式研究要解决的问题

创业教育作为一门新兴学科,其相关研究的历史不长。目前研究型大学正处于改革中,研究型大学在国家的创新创业体系中发挥着重要作用,而相关研究较多关注研究型大学在推动国家或地区经济发展中的作用,以及研究型大学的创业系统研究。然而,相关研究对新形势下研究型大学的创业教育如何更好地完成其科研、教学及人才培养的使命涉及甚少。虽然大学创业教育相关研究涉及的理论领域有社会学理论、个体理论(包括人本主义教育理论)、伦理学理

① 单中惠.西方教育思想史[M].北京:中国人民大学出版社,2017:594.

② 高闰青."以人为本"理念及其教育实践问题研究[D].兰州:西北师范大学,2008.

论、心理认知理论、社会认知理论或三螺旋理论和创业生态理论等，其中虽然也有涉及人本主义教育理论的，但是将创业教育学习者的培养和成长置于大学创业教育体系中的相关理论应用，其观点较零散，缺乏较深入和系统的论述。

在我国，目前的大学创业教育也面临着改革的机遇和挑战。创业教育要改变学生创业激情大、行动少及创业意愿高、成功率低的状况，必须要改革大学的创业教育体系，包括其创业课程设置、内容、教学方法、评估等环节，从而切实提高我国大学创业教育的质量及创新创业人才培养质量。这些理论研究问题及现实问题，都需要大学创业教育研究从学习者角度出发，即采用人本主义教育视角，进一步深入探讨大学创业教育模式问题。

本书将立足于人本主义教育理论，从研究型大学创业教育目标、学习者、课程内容与教学方法、教育资源与环境四大模块，对其创业教育模式进行理论上的探究，构建以学习者为中心的创业教育概念模型，并通过中美两国四所大学的实践案例，描述和解读人本主义视角下以学习者为中心的研究型大学创业教育的实践模式，探索实现这一模式的具体实践方法与途径，从而达到拓展创业教育模式研究理论基础以及发展和充实创业教育的理论模型的预期目标，同时希望对我国研究型大学创业教育的发展提供借鉴及提出适合我国国情的政策建议。本书主要研究了以下几个问题：

① 研究型大学的创业教育模式为什么要基于人本主义教育理论？

② 人本主义视角下研究型大学创业教育模式应该是怎样的？

③ 人本主义的研究型大学创业教育模式具体实践方法与途径有哪些？

在理论方面本研究的目标是梳理出有利于我国研究型大学创业教育健康发展的科学模式，努力为我国的创业教育模式研究提供科学的理论指导。我国的研究型大学创业教育实践目前既缺乏有效的理论指导，又没有足够的经验积累，因此，本书宗旨之一是通过梳理中美两国研究型大学的创业教育实践，为我国研究型大学的创业教育实践提供有意义的参考。本书的写作目标概括如下：

① 厘清研究型大学创业教育的功能定位，分析研究型大学创业教育与人本主义及人本主义教育理论的关联。

② 构建人本主义的研究型大学创业教育模式。基于人本主义教育理论视角，从研究型大学创业教育学习者、课程教学、教育环境氛围三大模块，论述以学习者为中心的研究型大学创业教育概念模型。

③ 将人本主义的创业教育模式置于实践情境中，分析其具体实践方法与

途径。结合中美两国四所研究型大学创业教育实践的比较分析，总结人本主义视角下的研究型大学创业教育模式的可能的实现方法与途径，为我国研究型大学创业教育实践提供借鉴。

1.3 解决问题的途径与方法

本书共分为7章。第1章为绪论，主要说明研究的背景与问题提出的原因，同时说明本研究的目的与意义，在此基础上建立本研究基本思路和框架，并进一步说明本研究应用的研究方法及本研究的创新点。本书正文为第2章至第6章，共5个部分。第2章主要对本研究涉及的人本主义教育理论进行梳理；同时对本书涉及的创业教育、创业教育模式、研究型大学等核心概念进行界定，并从创业教育和创业教育模式及研究型大学创业教育等方面对国内外相关研究进行文献综述，为后续的论述作铺垫。第3章到第6章是本书的重点部分。其中第3章基于人本主义教育理论，提出人本主义视角下的、以学习者为中心的研究型大学创业教育概念模型，即注重教育培养学习者的完整性、创造性，最终达到学习者自我实现的目的，主要从创业教育中的学习者、课程教学、教育环境氛围三大模块进行论述。第4章以美国哈佛大学和马里兰大学为案例，分别从两所大学的创业教育背景、目标、学习者、课程与方法及资源与环境等模块进行详细分析，以剖析美国研究型大学实现以学习者为中心的创业教育模式的具体实践方式和途径。第5章以中国的清华大学和复旦大学为案例，同样分别从两所大学的创业教育背景、目标、学习者、课程与方法及资源与环境等模块进行详细分析，以剖析我国研究型大学实现以学习者为中心的创业教育模式的具体实践方式和途径。第6章基于人本主义教育理论视角，对中美两国四所研究型大学的创业教育实践模式进行比较。分别从两国研究型大学创业教育的背景、发展历程、主导推动因素以及模式框架中的具体模块内容等几大方面，比较分析两者异同及原因。第7章对全书进行总结，归纳研究的贡献，并指出研究的局限性，提出未来研究展望。同时对将来我国创业教育的发展提出政策建议。

按照这一框架，本书运用了质性研究方法，综合运用了案例、访谈、观察、文献分析等研究方法。作者查阅了大量的中外文献,其中包括教育类排名前50位的国际学术期刊、学位论文和教育学专著。此外,还有相关互联网资料信息。随后,对这些信息进行分类、归纳和整理。基于文献分析,整理人本主义在教育研究中应用的相关文献,并整理有关创业教育和创业教育模式的文献,为后续的研究奠定理论基础,提供文献依据。本书选取中美两国四所典型的研究型大学——哈佛大学、马里兰大学、清华大学、复旦大学作为案例,描述和解读了人本主义教育视角下的研究型大学创业教育模式是什么样的,并通过多案例比较分析了实现该模式的具体实践方法和途径。案例选取有统一的标准,所收集数据可靠,案例的信度与效度可以得到保证。作者采用了半结构式访谈(Semi-structured Interviews)方法。按照人本主义教育理论框架,列出访谈提纲,对四所大学的学生、管理人员、教师等进行了相关的访谈。通过访谈作者获得了较多的第一手资料,这些资料包含很多正式发布或出版的材料中无法获取的信息。作者同时进行了大量的对大学及其所在社区的观察。对大学的创业教育课程进行课堂听课,参观大学生的创业活动。对学习者群体、课程与教学、师生之间的关系、大学的创业教育环境氛围等进行考察,并收集相关活动手册、传单、通告及标语等资料信息。

1.3.1 研究设计

本研究的总体思路:首先基于对研究型大学创业实践的观察,确定研究的指导理论。然后,在人本主义教育理论框架基础上,运用案例研究法对中美两国四所研究型大学创业教育实践中的学习者、教育目标、课程教学、师生关系和实践环境等进行描述和分析,以期系统地再现其创业教育模式、内容、特点等具体情况,并对四所大学的具体实践进行对比分析,从而得出有借鉴意义的理论总结,属描述型和解释型案例研究范畴。

在确定了研究指导理论后,选择包含与研究问题相关的丰富信息的案例。本书中的案例满足以下几项标准:① 四所研究型大学分别是中美两国综合型的一流学府。② 大学管理层重视创业教育。③ 大学建校超过100周年。在案例研究中,访谈是最重要的资料收集方法。参与访谈的对象选择也非常重要。本案例研究通过特定的专家或教师推荐,或某些修读创业课和参加课外创业活动的学生介绍来寻找更多访谈对象。访谈对象的资格合乎要求，且能获得与研究问题高度相关的观点。案例访谈对象除了研究型大学创业教育教师、顾问、系主任、学院院长、校长等人物之外，还有接受创业教育的学生及从事创业教育的工作人员。为保证访谈结果更真实可靠，均采用个别访谈方式，以直接访谈为主，电话访谈和邮件访谈方式则是整理访谈资料过程中核对一些信息的辅助手段。同时，通过查找文献、档案，直接观察，参与观察及收集实物证据等途径收集相关资料，尽量确保资料收集方式及信息来源的多样性。

对收集的资料进行编码、整理与分析。为避免研究者本人的主观性干扰研究过程及结果，故邀请另一位研究者解读收集的部分信息，以作对比和修正。同时对研究设计进行检验。以多种证据来源形成证据链，提高研究的建构效度；而多案例分析又增强了结论的说服力，研究结论在适当的情境下具有可复制性，有助于提高外部效度。作者编写初稿，并邀请某些资料提供人和受访人检查初稿的真实性与合理性。这些方式大大提高了研究的信度。

1.3.2 研究方法

本书运用了质性研究方法，具体采用了文献分析、深度访谈、案例研究、现场观察、课堂听课等研究方法。

1. 文献分析

本书作者查阅了大量的中外文献，其中包括教育类排名前50位的国际学术期刊、学位论文和教育学专著。此外，还有相关互联网资料信息。随后，对这些信息进行分类、归纳和整理。基于文献分析，整理人本主义在教育研究中应用的相关文献，并整理有关创业教育和创业教育模式的文献，为后续的研究奠定理论基础和文献依据。

2. 深度访谈

为了对研究型大学创业教育模式进行综合分析，本书采用了深度访谈研究方法。对研究型大学创业教育的认识、感觉和诠释,需要通过访谈的途径来获得,而这些信息如果没有与事件中的人亲自接触和互动则不太可能得到。经过挑选确定一些研究型大学的教学和管理人员作为访谈对象,并且对访谈和研究文献中呈现的主题进行调查,以形成关于研究型大学创业教育模式的观点和认识。在中国和美国的考察为本研究收集了所需的文件。深度访谈是本研究收集数据的重要途径,目的是掌握四所研究型大学的学生背景及其创业教育需求、创业课程教学和大学创业教育环境相关的第一手资料。访谈有助于揭示研究型大学课程设置和教育教学的动机和机制、教师和管理人员及学生对创业教育的态度和感受问题的潜在动机、态度和情感,详细了解研究型大学创业教育中蕴含的人本主义教育理念。在正式访谈之前,作者给予了被访谈对象本研究的背景信息,并且所有访谈都是双方事先约定的,每一次访谈都是个别访谈。为既能保证数据信息的标准化又能兼顾灵活性,事先建立一个案例研究的模块方案是可行的[①]。根据本研究的理论基础——人本主义教育理论,本书的每一个案例都按照创业教育学习者、创业教育目标、创业课程内容与教学方法、创业教育环境氛围四个模块内容呈现,并依据这四个模块分组设计访谈问题,以访谈提纲的形式组织好,正式访谈时则依据每位访谈对象的情况选取对应的模块问题,这也是一个访谈指导清单。为了让被访者流畅而自由地回答,采用半结构式访谈形式进行。具体访谈对象包括四所大学中接受创业教育和参与创业教育活动的学生、创业教育教师和专家、主管创业教育的校长和行政工作人员等。本研究访谈为保护受访人隐私,隐去真实姓名,将受访人按出现顺序依次编号为 Interviewee 1、Interviewee 2……,简称为 I1、I2……。

3. 案例研究

本书中选取了一些大学案例,以探究研究型大学创业教育具体实践方式。由于案例研究法能对某个研究主题及与其相关的真实情境进行考察,是一种深入而细致的研究方法,因此,案例研究可以对一种现象的细节进行阐述,可以拓展对一个复杂问题的理解。本书聚焦研究型大学的创业教育模式问题,符合教

---

① SOFAER S. Qualitative methods: what are they and why use them? [J]. Health Services Research, 1999(5):1101-1118.

育案例研究的特征①。本书适用案例分析方法具体有以下几个方面原因：第一，本书的目的是回答为什么研究型大学创业教育需要运用人本主义教育视角，以及如何运用人本主义教育视角构建研究型大学创业教育模式的问题，对这些涉及研究问题的原因及具体途径的问题，案例研究能够提供深度的第一手资料来佐证。第二，研究型大学创业教育模式是以现实经历为背景的，不同背景的研究对象具有不同实践经历，显然，案例研究方法适合探讨真实情境下的现实问题。第三，本书涉及如何在人本主义教育理论框架下，从特定的研究型大学创业教育实践经验中抽象总结出具有一定普遍性的理论模式，这是一种经验研究，因此，适合运用案例分析方法。本书采用了多个案例，考察了中美两国四所研究型大学的创业教育实践。采用多案例分析不仅提供了更多数据和样本，而且多个案例间的结果可用于对比和比较分析，从而得出更有说服力的结论。

4. 现场观察

本书运用了现场观察方法。研究型大学创业教育涉及大学校园内大学生的创业课程、创业实践活动甚至校外的社区活动。大学生的日常生活中有关创业教育的微观行为需要研究者进入其日常活动场所，进行一段时间的实地观察和体验，并详细记录细节，这些资料仅靠访谈法很难获得。另外，大学创业教育活动中有很多是课外展示，运用现场观察方法能获得图片、视频甚至实物资料。现场观察方法补充了相关数据、信息，为后续的理论探索提供了更多、更准确的依据。课外创业活动是大学创业教育的重要组成部分。课外创业教育活动在中国常被称为"第二课堂"，是大学生将创业理论知识转化为实践能力的最有效的途径②。作者参观了哈佛大学的 i-lab，马里兰大学的 Startup Shell、清华大学的三创博览会及复旦大学创新创业学院开放日活动现场，记录下了活动现场环境及学生创意项目作品，并与其中一些学生和老师进行了交流，在现场感受到学生创业的激情和智慧，以及研究型大学浓厚的创业实践氛围。

---

① YIN R K. Case study research：design and methods[M]. 5th ed. California：Sage Publications，2014.

② 梅伟惠. 美国高校创业教育[M]. 杭州：浙江教育出版社，2010.
刘树春. 基于第二课堂建设推动创新创业教育有效开展[J]. 江苏高教，2015(3)：15.

5. 课堂听课

有组织的课堂听课有助于在总体上加深对课程教学的认识。为深入了解四所大学创业教育课程教学实践，作者选取了哈佛大学和马里兰大学的相关创业课程进行了随堂听课。哈佛大学与马里兰大学是创业和教育兼顾的综合性研究型大学，一个是创业教育的发源地，一个是创业教育的新星。哈佛大学的案例研究课程世界闻名，参与此类课程的听课有助于学习创业教育课程的先进的教学方法，为我国的研究型大学的创业教育课堂教学提供借鉴。马里兰大学工程学院的EIP课程项目是马里兰大学的特色课程，汇聚了很多既具有理工科背景又有创业经验的教师，课程内容对我国研究型大学中高科技方向的创新创业教育具有很重要的参考价值。作者所听课程均为本科生层次课程。作者在听课过程中关注课程内容、教师的教学方法和师生之间的互动关系等。作者在听课之前对所听课程大纲、学生的专业、年级等信息都做了调查，并在听课过程中详细记录相关信息。表1.1是听课记录表(此处隐去教师姓名)。

表1.1　听课记录表

大　学	教　师	课　程	教学方法	内　容
哈佛大学	商学院教授	案例研究	案例教学法、课堂讨论、学生课堂报告	通过对真实的公司案例进行分析，帮助学生学习从公司管理者角度考虑问题，并且通过理论与实践相结合的方式找到解决问题的办法
马里兰大学	工程学院课程教学主任	本科生创新创业	邀请商务界人士开展合作教学、案例教学法、课堂讨论	课堂授课和实际案例分析；提高学生的创业分析能力；邀请创业企业家举办讲座，进行交流，增强学生的创业意识和国际视野

1.3.3 数据收集与分析

本书涉及大量文献资料数据及案例调研数据。Yin、Stake 和 Merriam 一致认为,为了处理好研究的复杂性和完整性,研究者有必要从多种渠道收集数据①。其中后两位主张采用质性研究方法取得数据。Merriam 对从访谈中获取数据的方法作了最详细的说明:需要询问的问题、要避免询问的问题、准备访谈指南及范围、开始访谈、研究者与被访谈人互动以及记录和评估资料数据②。在历时 7 个月的时间里,作者对清华大学、复旦大学、哈佛大学及马里兰大学的与创业教育相关的文献资料进行了广泛收集,并深入进行调查研究,通过深度访谈、听课、现场观察等多种方法获得第一手资料。内容涵盖四所大学创业教育的学习者、课程设置、教学、评估及创业教育中的师生关系、管理政策等信息。

(1) 本书收集的资料数据很多来自访谈内容。本书作者共访谈了 18 位受访者,包括教师、管理人员和学生。受访者的具体来源情况如表 1.2 所示。同时在哈佛大学和马里兰大学参加现场听课 2 次,参观现场创业活动 3 次;为了解大学生对目前创业教育实践的总体满意度情况,通过网络面向大学生进行了问卷调查,得到有效问卷 41 份,具体情况见附录 1。本书研究涉及的案例资料及创业教育课程设置、教学方法、教育资源与环境等信息部分来自网络及学术出版物,已分别标明出处,作为对访谈和现场观察方法的补充。

表 1.2 受访者来源情况表

受访者编号	受访者单位	受访者身份
I1	哈佛大学商学院	哈佛商学院教师
I2	哈佛大学商学院	哈佛商学院教师

① YAZAN B. Three approaches to case study methods in education: Yin, Merriam and Stake[J]. The Qualitative Report,2015(2):134-152.

② MERRIAM S B. Qualitative research and case study applications in education[M]. San Francisco: Jossey-Bass Publishers, 1998.

续表

受访者编号	受访者单位	受访者身份
I3	哈佛大学商学院	哈佛商学院教师
I4	哈佛大学商学院	哈佛商学院 MBA 学生
I5	哈佛大学商学院	哈佛商学院 MBA 学生
I6	马里兰大学本科生教育办公室	马里兰大学教学管理人员、创业项目负责人
I7	马里兰大学副校长办公室所属学生事务部	马里兰大学学生事务管理人员
I8	马里兰大学副校长办公室所属学生事务部	马里兰大学学生事务管理人员
I9	马里兰大学工程学院	马里兰大学工程学院本科生
I10	马里兰大学工程学院	马里兰大学工程学院教师、创业项目开发主任
I11	马里兰大学工程学院	马里兰大学工程学院研究生
I12	马里兰大学工程学院	马里兰大学工程学院课程教学主任
I13	马里兰大学工程学院	马里兰大学工程学院负责创业活动的学生
I14	清华大学	清华大学创业教育管理人员
I15	清华大学	清华大学创业教育管理人员
I16	复旦大学	复旦大学教学管理人员
I17	复旦大学	复旦大学教学管理人员
I18	复旦大学	复旦大学教学管理人员

(2) 本书作者对所收集的一些重要文献资料及访谈所获得的文本资料进行了词频分析，以期发掘各所大学在教育目标、课程、教学方法、资源环境等方面所关注的热点词汇，掌握其创业教育的总体实践规律和特点。哈佛商学院院长对学院核心准则和信仰作了总结①，其中最主要的内容总共涉及 4 345 个单词，通过词频分析，去除介词、连词、指示代词、冠词等 1 484 个单词，在 2 861 个词中获取 10 个重要单词：we(我们) 58 次，our(我们的) 47 次，business(企业) 40 次，student(学生) 39 次，program(项目) 39 次，faculty(教师) 33 次，alumni

① Harvard Business School. Priorities[EB/OL]. https://www.hbs.edu/about/leadership/dean/Pages/priorities.aspx.

(校友)20 次，research(研究)18 次，work(工作)18 次，members(成员)15 次。马里兰大学创新创业学院 2015～2016 年的年度总结中包含 1 405 个单词[①]，去除 558 个无实际含义的虚词和冠词等，在 847 个词中获取 10 个重要单词：student(学生)26 次，we(我们)25 次，our(我们的)18 次，innovation(创新)16 次，courses(课程)11 次，classroom(教室)11 次，entrepreneurship(创业)10 次，campus(校园)9 次，programs(项目)8 次，community(社区)7 次。《清华大学"双创"示范基地建设方案》共 19 889 个单词[②]，去除 4 781 个没有实际意义的词，在 15 108 个词中获取 10 个重要词语："创新"224 次，"创业"191 次，"平台"119 次，"教育"105 次，"项目"73 次，"技术"69 次，"服务"66 次，"学生"56 次，"课程"50 次，"人才"33 次。《复旦大学创新创业教育示范基地建设方案》共 18 849 个单词[③]，去除 3 169 个没有实际意义的词，并将含义相同的词进行合并，在 15 680 个词中获取 10 个重要词语："创新"159 次，"创业"134 次，"科技"125 次，"科研"88 次，"成果"79 次，"建设"79 次，"学生"62 次，"转化"55 次，"体制"54 次，"大学"53 次。

总体上来说，哈佛大学和马里兰大学的创业教育热点词汇主要集中在学生、课程、教师等方面，清华大学和复旦大学创业教育热点词汇主要集中在创新、创业、科技、平台、学生、体制等方面。这些高频词基本反映出目前研究型大学创业教育所关注的焦点与本研究的理论框架较为契合。

本书运用人本主义教育理论，探讨研究型大学如何从创业教育目标、课程教学、创业教育环境氛围等方面实现创业教育对学习者的整体性、创造性的培养及促进学习者的自我实现，从而实现研究型大学创业教育人才培养的目的——培养真正具有创新思想、素养和能力的创业型人才。以此为框架，本研究构建了以学习者为中心的创业教育模式，并结合具体研究型大学创业教育案

① University of Maryland. Academy for innovation and entrepreneurship：AIE-2016-year-in-review［EB/OL］. http://innovation. umd. edu/wp-content/uploads/2016/11/AIE-2016-Year-in-Review. pdf.

② 清华大学教务处. 清华大学"双创"示范基地工作方案［EB/OL］. http://www. tsinghua. edu. cn/publish/jwc/10457/2016/20160914091131816311225/20160914091131816311225_. html.

③ 复旦大学"双创"示范基地办公室. 关于公布复旦大学建设国家大众创业万众创新示范基地工作方案的通知［EB/OL］. http://xxgk. fudan. edu. cn/d2/be/c5195a119486/page. htm.

例，探讨该模式在创业教育实践中的实现方法和途径。研究的主要创新点如下：

(1) 本书系统地对研究型大学创业教育的发展问题与人本主义教育思想的关系进行深入思考，努力将创业教育中零散的人本主义实践上升为理论自觉，将人本主义教育思想的核心与创业教育以生为本的特点相结合。从现有的关于研究型大学创业教育模式的文献来看，基于结构主义和实用主义的教学理论、基于社会经济视角的三螺旋理论及源自生态学领域的创业生态系统等理论，均未能从根本上触及大学创业教育的核心指导思想，尚不足以支撑研究型大学实现其创业教育的本然使命。本研究进一步拓展了创业教育模式研究的理论视角，为研究型大学培养创新创业型人才提供新的理论指导，丰富了当前社会新形势下研究型大学创业教育研究文献。

(2) 本书应用人本主义教育理论对研究型大学创业教育模式进行深入的理论探讨，对构建创业教育的实践模式具有积极贡献。因创业教育模式有各种不同的视角，目前的创业教育实践模式过于零散，而且很多创业教育实践模式没有凸显学生在创新创业教育体系中的核心位置，缺乏创新创业人才培养目标的清晰定位。因此，本研究对研究型大学构建以人才培养为核心的创业教育模式实践具有一定的指导价值。

(3) 本书从人本主义视角构建出初步的以学习者为中心的创业教育概念模型，并应用该模型对中外四所著名的研究型大学进行案例分析，将人本主义教育理论与研究型大学创业教育真实案例相结合。本研究基于对文献、案例、访谈等资料信息的分析，从研究型大学人才培养的理论视角来剖析其创业教育模式，同时从真实的案例实践中提炼人本主义教育理论的要素，做到理论与实践的相互结合。

(4) 本书通过中国与美国具有代表性的四所研究型大学实践案例分析比较，为中国的研究型大学创业教育提供了真实的参考坐标。本书所开展的研究立足于中国国情，尝试提取中外名校具有共性的创业教育规律，研究如何学习他国先进经验，发挥自身的优势，解决中国实际问题，从而探索出具有中国特色的研究型大学创业教育模式，助力中国高校在国家创新创业发展体系中作出更大的贡献。

第2章 基础理论、核心概念与文献综述

2.1 人本主义思想及人本主义教育理论

在西方国家，人本主义最早萌芽于古希腊哲学。早在2 500多年前，古希腊的智者普罗太戈拉斯(Protagoras)就曾说："人是万物的尺度。"这句话被学界认为是"以人为本"思想的最早表达①。其实，在2 700多年前中国的政治家管仲就已经提出了"顺民所欲"这一朴素的人本思想；在春秋末期，也就是与普罗太戈拉斯同时代的老子，在其著作《道德经》里也留下了"人亦大"等大量深邃的人本主义思想。纵览中国古代思想史，人本主义思想始终是中华民族思想精髓的重要组成部分。

到了近代，法国哲学家笛卡儿(Descartes)的"我思故我在"思想开启了西方近代哲学从神本主义到人本主义的本体论的转向。19世纪初，人本主义经过马克思主义的唯物论和辩证法发展，实现了理论飞跃。但是，由于人本主义在

① 赵敦华.西方人本主义的传统与马克思的"以人为本"思想[J].北京大学学报(哲学社会科学版)，2004(6)：28-32.

马克思主义唯物史观和政治经济学中启而未发，尚未展开为一套完整的理论体系，因而激发了后人对其进一步深入思考的兴趣。在马克思之后长达一百多年的时间里，西方学者对人本主义展开了深入研究，取得了一系列的理论进展。有学者认为，让人本主义融入人们思想最适当的方式是教育①。美国著名心理学家卡尔·罗杰斯(Carl Rogers)根据他从事心理学研究的实践经验，将人本主义与教育学结合起来，对当今的教育学和人本主义思想都产生了深远的影响。本章聚焦罗杰斯的人本主义教育理论，希望从中梳理出研究型大学创业教育"以人为本"的理论基础。

有一点必须明确，研究"人本主义"，不是盲目照抄西方的理论，而是对马克思主义"为人类的幸福和我们自身的完善"的理想作进一步探索，从而更好地指导我国现阶段的大学创业教育的实践。

2.1.1 中国古代朴素的人本思想概述

中华文明源远流长，在中国优秀传统思想中，人本思想或明或暗地贯穿其中，以其深厚的积淀和深邃的洞见，成为世界人类思想史上的璀璨明珠。中国古代朴素的人本思想，以人为本，以民为贵，有着十分丰富的哲学内涵，蕴含着辩证法思想，体现了朴素的价值取向和人道主义色彩。

早在春秋时代，无论是管子，还是老子、孔子等诸子，均可在其著作中觅见朴素的人本思想。齐国名相管仲重视人的自然属性，提出"得所欲则乐，逢听恶则优，此贵贱之所同也"(《管子·禁藏篇》)，这是"自利"的人性的反映，根据这一思想，管仲提出了"顺民所欲"的施政纲领。管仲认为，"仓廪实而知礼节，衣食足而知荣辱"(《管子·牧民》)。管仲的民本思想成为后世为政者治国理政的重要参考。

老子提出"故道大，天大，地大，人亦大。域中有四大，而人居其一焉"(《道德经》第 25 章)。老子强调"人亦大"，将天、地、人与至高无上的"道"并列，凸显了老子"以人为本"的思想。在以老子为代表的道家思想里，重视人的存在和发

① HALIMI S. A new humanism? heritage and future prospects[J]. International Review of Education, 2014(60):311-325.

展，但前提是要“道法自然”，把人的主观能动性和遵循大道运行规律辩证统一起来。人本主义思想在道家哲学里，不仅是世界观，也是方法论的指导思想，体现在肯定人的存在、关注人的生存、延养人的生命、构建理想的人类社会等道家基本思想体系之中。

孔子把人作为政治管理的载体：“为政在人，取人以身，修身以道，修道以仁。”(《礼记·中庸》)以孔子为代表的儒家思想认为，为政的前提是人性，本质是治人，管理的方法是人治。孟子发展了孔子“为政在人”的思想，提出“仁言，不如仁声之入人深也。善政，不如善教之得民也。善政民畏之，善教民爱之；善政得民财，善教得民心”(《孟子·尽心章句上》)，“亲亲而仁民，仁民而爱物”(《孟子·尽心章句上》)，强调了治国为政的根基是得人心。

人本主义思想在中国历代都有不同形式的体现，或是“民贵君轻”，或是“三民主义”，或是“群众路线”，或是“人民主体思想”，这些思想以人为本、以民为贵的本质在一定的程度上相互融通。总之，不忘本来才能吸收外来、面向未来，熟知中国传统的人本主义思想，有助于我们从思想本源上找到中华文明与世界文明的契合点，抓住中国与世界对话的话语权，把握中国智慧和中国方案的精神内核。

2.1.2 人本主义教育理论产生背景

人本主义在英语中是“humanism”一词。这一词汇在汉语中也可译为“人文主义”或“人道主义”。这三个有共同渊源的词语相互间既有联系又有区别。这与其产生的不同历史阶段及背景有关。其中人文主义一般是指发源于14世纪下半期，起源于意大利并传播到欧洲其他国家的一种思想文化运动。这一运动主要为反对中世纪教会的神学文化，而提倡复兴希腊、罗马古典文化，主张在大学开设人文艺术类学科①。而人道主义泛指一切强调人的价值、维护人的尊严和权利的思潮及理论。其萌芽于文艺复兴时期，到17至18世纪启蒙思想家卢梭等从天赋人权出发，“阐释自由、平等、博爱的人的本性，故humanism被称为‘人道主义’或‘人性论’”②。可见虽然人道主义同样起源于文艺复兴时期，

① 时光.“人文主义”“人本主义”及“人道主义”辨正[J].求索，1986(6)：62-65.

② 方毅.人文的人道主义与博爱的人道主义论析[J].学术交流，2011(7)：19.

但与人文主义或人本主义在内涵与外延上明显是不一样的。同一个英文单词之所以出现不同的中文翻译，有学者认为国内学界往往将该词与文艺复兴时期相联系的用法译为“人文主义”，与启蒙运动相联系的用法译为“人道主义”，而与现代哲学相联系的用法译为“人本主义”①。也有学者将人文主义称为人本主义发展的第一阶段或传统人本主义，将19世纪20年代诞生于德国的意志主义视为现代人本主义的雏形，或人本主义的第二阶段②。

人本主义一般被认为是一种哲学概念。在西方其代表人物有费尔巴哈和车尔尼雪夫斯基等哲学家。人本主义包含众多流派，但是基本认同人在世界上的主体地位，强调人的价值和尊严，将人作为衡量万事万物的尺度等观点。其核心思想是以人为本。因此，“由于这种哲学在本体论意义上主张以人为本位，因而被称为人本主义”③。

19世纪，马克思主义诞生。马克思主义中含有鲜明的人本主义思想。马克思的人生目标是“人类的幸福和我们自身的完善”④。马克思对西方人本主义传统进行了扬弃，在批判旧唯物主义和创立唯物史观、政治经济学理论的同时，对人本主义进行了重新阐释。马克思主义超越了传统的人本主义对人的本质的思考，把对人的理解放到“人是一切社会关系的总和”的高度，指出“人的本质并不是单个人所固有的抽象物。在其现实性上，它是一切社会关系的总和”⑤。马克思在《资本论》中强调了人自身的价值，“一旦人已经存在，人，作为人类历史的经常前提，也是人类历史的经常产物和结果，而人只有作为自己本身的产物和结果才成为前提”⑥。马克思进一步强调，“人是全部人类活动和全部人类关系的本质和基础”⑦。马克思批判了机械唯物主义，指出如果把人当作组成世界这台大机器中的一个小机器，则会残忍地剥夺人类作为感性动物而本应具有的鲜明个性和幸福感受，从而人类变成几何学家笔下的线条，剥夺了

① 孙伟. 试论人本主义和理性主义的逻辑关系[D]. 北京：中国人民大学，2003.

② HALIMI S. A new humanism? heritage and future prospects[J]. International Review of Education, 2014(60):311-325.
刘志文. 现代教育思想[M]. 北京：清华大学出版社，2012.

③ 时光. “人文主义”“人本主义”及“人道主义”辨正[J]. 求索，1986(6):64.

④ 马克思，恩格斯. 马克思恩格斯全集：第1卷[M]. 北京：人民出版社，1956:414.

⑤ 马克思，恩格斯. 马克思恩格斯选集：第1卷[M]. 北京：人民出版社，1995:18.

⑥ 马克思，恩格斯. 马克思恩格斯选集：第26卷[M]. 北京：人民出版社，1974:545.

⑦ 马克思，恩格斯. 马克思恩格斯全集：第2卷[M]. 北京：人民出版社，1963:118.

人存在的意义和价值；马克思还批判了费尔巴哈“人本学”的思想，在肯定费尔巴哈承认人类具有感性特征的同时，马克思指出，人类的感性特征不是被动的，恰恰相反，人类的感性特征具有主观能动性，驱动着人类创造历史，同时也改变人类自身，使人类实现了自我价值①。马克思认为人的价值被资本主义异化，他直接以“异化”理论为武器，把人本主义引入政治经济学，对资本主义进行了无情批判。正是因为有人本主义的理论支撑，使得马克思主义政治经济学更加深入人心，更具批判力和影响力。

虽然现代人本主义的渊源早在文艺复兴时期就已萌芽，其最终的产生与科学主义片面夸大自然科学和技术的地位相关②，科学主义导致对人性尊重的缺失，人们意识到科学主义抹杀人性的弊端，现代人本主义思想便应运而生，并很快传播到整个西方世界。人本主义是构成现代西方文化的一个要素，其影响不仅席卷欧洲哲学、文化、科技、教育等领域，对整个西方社会都具有深远影响。中国古代文化中也包含着很多朴素的人本主义思想，而在现代中国影响深远的马克思主义思想中也包含着人本主义的元素。因而，人本主义思想对现代中国的文化及教育等方面的发展，同样具有积极的指导意义。

人本主义教育思想自产生以来一直不断发展，人本主义哲学与人本主义心理学相结合对现代人本主义教育理论的形成产生了重要影响。20 世纪五六十年代，人本主义心理学在美国诞生，其代表人物马斯洛(Maslow)的需求层次理论、自我实现理论，以及罗杰斯的自我理论改变了人们对人自身的认识。由于人本主义心理学反对弗洛伊德和行为主义学说，故被称为“第三种势力”。1967 年，人本主义心理学代表人物马斯洛当选为美国心理学会主席，这标志着人本主义思想在心理学领域的地位和影响得到认可。人本主义心理学同时吸收并发展了存在主义哲学的一些观点，并将他们的人本主义心理学理论应用到当代的美国教育实践中，对美国乃至世界教育都产生了重大的影响，成为美国人本主义教育思想的直接理论基础。马斯洛与罗杰斯成为现代人本主义教育思想的杰出代表。

① 史影，尹爱青. 从马克思到罗杰斯：人本主义教学观探析[J]. 外国问题研究，2017(2)：110-116，119.

② 程家福，徐光寿. 中西方人本主义教育思想异同分析[J]. 高校教育管理，2008(5)：42-46.

2.1.3　人本主义教育思想及理论

人本主义教育思想源远流长。本书中重点讨论的人本主义教育思想即现代人本主义教育思想。我国学者大多认同,现代人本主义教育理论指起源于美国人本主义心理学的这一教育流派思想①。美国历史上经历过很多种教育思潮,从进步主义、实用主义到结构主义,每种教育思潮的兴起都与当时的社会经济大背景有着紧密的联系。如实用主义教育思想的诞生背景是美国南北战争结束后资本主义的发展,结构主义教育思想的产生背景则是冷战时期的美苏争霸。20 世纪六七十年代美国经济迅速发展,但整个社会存在的问题也很多:迅猛发展的科学技术、日益丰富的物质生活,这些都冲击着人们的价值观念,外部世界对人的物化和异化日益严重。以马斯洛和罗杰斯为代表的人本主义心理学家将他们的心理学理念引入教育领域,并很快在美国乃至世界引起广泛关注。"人本主义教育思想也就是依据西方人文主义教育的传统,借教育的力量来孕育人性,建立足以应付现代西方社会挑战所需要的价值观、人生观,希望教育能对功利化和机械化社会造成的人生价值失落起到补偏救弊的作用"②。在这种背景下产生的现代人本主义教育思潮在当时的美国掀起了一场轰轰烈烈的教育改革。

人本主义教育理论的核心思想来自于人本主义心理学对人、人性及自我的认识。布根塔尔(Bugental)认为,人本主义心理学中人是有清醒意识和主观打算的,人本主义心理学关心人本身,认为人的价值比事件过程重要。人本主义教育思想对人类社会产生贡献的前提是:对人的价值和尊严的肯定、对仁爱价值观的教化及对人的潜力的充分开发③。尽管人本主义教育思想的构成是复杂的,但是它可概括为致力于强调人的自由、价值、尊严和完整等特质教学过程

① 胡靓,赵冬生.人本主义教育思想精髓:学生自主学习与自我实现培养[J].教育理论与实践,2007(22):56-57.
杨东平.试论以人为本的教育价值观[J].清华大学教育研究,2010(2):16-20.

② 单中惠.西方教育思想史[M].北京:中国人民大学出版社,2017:595.

③ BUGENTAL J. Psychotherapy and process: the fundamentals of an existential-humanistic approach[M]. New York: Addison-Wesley,1978.

中的所有方面①。鉴于此,人本主义教育理论主要内容可概括为对学习者、教育目标、教育内容与方法、教育环境与氛围四个方面的论述:

(1) 主张依据学习者的需求和目的设计课程及实践内容。马斯洛认为学习者并不是如行为主义者所说的只是对外界环境机械地做出反应,只是被动地接受教育的物,而是有情感和内在需求的个体,具有无限的成长并取得成功的潜力②。

(2) 主张教育针对的目标是人。最终目的是帮助学习者达到"自我实现",即"一个人能力和潜能的充分利用和发挥"③。葛宁森(Gunnison)认为人本主义教育思想中"教师、教室和学校的焦点是人以及对人的关心",教育的目标是帮助人学习如何作为个体生活,以及建设一个让人轻松应对变化而不是刻板和守旧的社会④。

(3) 人本主义教育者主张教育的内容是教育者协助受教育者获得在多元社会中生活所必需的基本技能。罗杰斯认为,在未来的世界,正确面对新事物的能力比知道和重复旧事物的能力更重要⑤。教育内容是按照学习者不同需求和个性进行全人教育,课程内容强调由以学科为中心转向以个体需求为中心⑥。在教育规划和进行过程中,应发挥学生的主动性和积极性,因材施教。在教授学生能力的同时,注重其情感及价值观的发展。培养学生对他人的真诚关心与尊重,以及解决矛盾冲突的技巧。在教学方法上,人本主义教育者认为教学过程产生于学习者的经历和体验,整个教育过程应该以学习者为中心,因而在"教"与"学"之间更注重"学"。教学过程即鼓励和协助学习者学习的过程。教师要与学生密切互动,要为学生的学习、探索新的经历和新的方法提供一切可能的帮助。学习过程应该是学习者自身体验与实践结合的一种意义的建构,

① COMBS A W. Humanistic education: too tender for a tough world[J]. Phi Delta Kappan,1981(6):446-449.

② MASLOW A. Some educational implications of the humanistic psychologies[J]. Harvad Educational Review,1968(4):685-696.

③ MITTELMAN W. Maslow's study of self-actualization: a reinterpretation[J]. Journal of Humanistic Psychology,1991(1):102-107.

④ GUNNISON H. Humanistic education and teacher education[J]. ETC-Review of General Semantics,1976(2):162-170.

⑤ ROGERS C R, FREIBERG H J. Freedom to learn[M]. Columbus: Merrill,1969.

⑥ 单中惠. 西方教育思想史[M]. 北京:中国人民大学出版社,2017.

即有意义的学习。并且人本主义的课程教学提倡学生在这种有意义的学习过程中进行自我评估,反对外部评价。

(4) 主张教育需要环境和氛围。教育需要培养一种学习氛围,通过既具有挑战性又充满理解与支持的学习氛围来滋养学生的成长。人本主义教育者认为,如果要让教学有意义,首先,教学环境必须具有高度互动性①,最好的有利于学习的氛围是"没有威胁"及"鼓励和关心学生成长"。教师对学生的态度是接纳型的,而不是干涉型的②。师生间建立一种有益于学习者成长的、平等而轻松和谐的关系,这样的氛围如罗伯特·梅逊所言,不仅有益于学生,也有益于教师及行政管理人员:"教师和学校行政人员在引导学生发现自我的同时,他们本人同样也在变化成长。学生怎样发展变化,教师和行政管理人员也就怎样发展变化。"③

其次,教育必须建立在实践经历基础之上,因为仅依靠理论得来的知识也许有用,但是只有通过实践,这些知识才会发挥作用,学生的学习才能成为"有意义的学习"④。因此,实践经历是人本主义教学中不可或缺的一部分。

人本主义教育理论在美国教育界具有重要地位和影响。正如阿瑟·科姆斯(Arther W. Combs)所预言的:如果教育要满足当前及未来社会的需求,每一所学校和每一间教室都要以人本主义的教育目标和思想为灵魂⑤。现在他们"所倡导的许多观念都已深入人心,并已成为美国和其他一些国家教育领域的一些主流思想"⑥。在20世纪80年代中国兴起的主体教育理论及90年代引

---

① GIBBONS M, BAILEY A, COMEAU P. Toward a theory of self-directed learning: a study of experts without formal training[J]. Journal of Humanistic Psychology, 1980 (2):41-56.

② MASLOW A H. Some educational implications of the humanistic psychologies[M]//WELCH, TATE, RICHARDS. Humanistic psychology: a sourcebook. New York: Prometheus Books, 1978.

③ 梅逊. 西方当代教育理论[M]. 北京:文化教育出版社,1984:229.

④ MASLOW A H. Some educational implications of the humanistic psychologies[M]//WELCH, TATE, RICHARDS. Humanistic psychology: a sourcebook. New York: Prometheus Books, 1978:30.

⑤ COMBS A W. Humanism, education and the future[J]. Educational Leadership, 1978 (4):300-303.

⑥ 曾德琪. 罗杰斯的人本主义教育思想探索[J]. 四川师范大学学报(社会科学版),2003 (1):47.

起关注的马克思主义全面发展理论均与人本主义教育理论有紧密的联系，从某种程度上说，前者是中国本土化的人本主义教育理论。

2.1.4 人本主义教育理论与创业教育

大学的创业教育面临本体论和认识论的挑战，大学的人本主义教育与其和职业相关的教育并不矛盾，其创业教育应该按学生的需求定制，采用更宽广的全人教育范式，包括对世界和人类情感、价值等的全面关怀①。1835年，马克思在其中学毕业论文《青年在选择职业时的考虑》中就阐明了其择业理念："在选择职业时，我们应该遵循的主要指针是人类的幸福和我们自身的完善，不应该认为，这两种利益是对立的、互相冲突的，一种利益必须消灭另一种的"②。人本主义教育理论与创业教育的实践相适应，又适用于其理论研究，有助于解决当前大学创业教育面临的挑战。

人本主义教育理论重视受教育的人的需求和感受，其理论视角下的人是自由的人，即没有受到或感觉到威胁、不安全等负面影响，能自由追求知识和成长的人。在提倡以人为本的人本主义教育学理论中，"一直是学生在控制着自己的学习内容和生活过程"③。而创业教育的发展也需要密切关注学习者的需求，以此来设计不同的课程和专业。创业教育最初针对大学里商学院的学生，如今作为一门学科，创业教育出现了各种专业方向，而其学习者也扩大到大学里理工、人文、艺术等专业的学生。学习者的专业及生活背景不同，其对创业教育的期望与需求也不同，教育机构需针对多样的学习者设计多种多样的课程、专业等。

人本主义教育理论认为教育的最终目标是人的自我实现，是全人教育。这与创业教育的宗旨不谋而合。创业教育是一门培养创造力的教育，创立企业并

---

① GIBB A. In pursuit of a new enterprise and entrepreneurship paradigm for learning: creative destruction, new values, new ways of doing things and new combinations of knowledge[J]. International Journal of Management Reviews, 2002(3): 233-269.

② 马克思，恩格斯. 马克思恩格斯选集：第1卷[M]. 北京：人民出版社，1995：414.

③ 卡尔·罗杰斯，杰罗姆·弗赖伯格. 自由学习[M]. 王烨辉，译. 北京：人民邮电出版社，2015：219.

不是创业教育的真正目标，其终极目标是培养学习者的创新、创业的精神、能力和素养，让学习者具备实现自身目标的能力，而不是直接为他们设定某个目标。创业教育的过程需要教师以生动的案例和互动的教学方法来培养学生解决实际问题的能力，并给予学生大量的实践机会。这与人本主义教育注重教学氛围和实践，以及注重平等和谐的师生关系是一致的。这种和谐的师生关系不仅仅限于教师和学生之间，也包括管理人员与学生之间的友好关系与交流①。人本主义教育理论认为只有在这种氛围之中，学生才能真正发挥潜能，不断成长，直至实现自身价值。

哈克马(Harkema)等认为，创业教育应采用以学生为中心的教育范式。学生是全方位发展的个体，将自身的知识、技能和态度整合起来，反思学习过程和结果，并随后将反思转化成变化和进步②。因此范德西德(Van der Sijde)等主张在教学过程中，课程设计权要由学校转移到学习过程的主体——学生身上。"当他们成为一种多姿多彩的学习氛围的主人之时，学生便学会了如何将自身学习体验与现有课程体系相结合"③。

创业教育的研究一直以来缺乏理论基础。人本主义教育理论为从教育学视角研究创业教育提供了理论支撑。这有利于创业教育回归育人的本源，而不是如学术资本主义理论等将重心放在创造经济效益之上，有利于避免创业教育过于功利。利用人本主义教育理论指导创业教育也有利于避免过度重视STEM 学科在创业教育中的现象，以防止对科学主义研究范式的过分渲染④。而且，人本主义教育理论中关于人及其价值、有意义的学习及自我实现等思想，对发展创业教育理论具有重要借鉴意义，其中包含的博大精深的教育思想对构建科学的创业教育模式具有不可替代的指导价值。

---

① 罗伯特·梅逊. 西方当代教育理论[M]. 北京：文化教育出版社，1984.

② HARKEMA S, SCHOUT H. Incorporating student-centred learning in innovation and entrepreneurship education[J]. European Journal of Education, 2008(4):525.

③ PETER S V D, MCGOWAN P, THEODOR V V D, et al. Organising for effective academic entrepreneurship[Z]. Organising for Effective Entrepreneurship, 2006:516-517.

④ 毛亚庆. 从两个教育家的论争看教育研究的两大范式[J]. 清华大学教育研究，2001(1)：30-37.

2.2 创业教育和研究型大学的概念

2.2.1 创业教育

为了界定创业教育这一概念,有必要追溯到“创业人”“创业”这两个概念的起源。

1. 创业人

创业人这一词语起源于西方。关于这一词汇的确切来源有多种说法。比较广泛的说法是:最早在法语中出现了“entreprendre”一词,意思是中间人或中介,汉语译为创业人。最早论述这一概念的是法国经济学家夏尔·坎提隆(Richard Cantillon)。夏尔·坎提隆最早将这一词语推介到经济学领域①。在他的眼里,“创业人”是能够在市场中寻找并利用没有被他人意识到的获取利益的机会,并且在所从事的事业中有所作为的个体。根据他的观点,企业家代表着勇于冒险,其所从事的市场交易中包含很大的不确定性。由此可见,这个“创业人”与一般的企业所有者的涵义不同。它包含着发现机会、抓住机会并能承担风险白手起家,与一般的企业主继承或守业以及维持企业现状等心态不一样。其后的经济学家,如亚当·斯密、马歇尔、熊彼特、奈特、莱宾斯坦和卡森等在各自的相关研究中不断丰富、发展这一词汇的涵义。尤其值得一提的是熊彼特,是在他的著作中,“entrepreneur”一词第一次与创新联系在了一起,这一词汇与他所提出的“destructive innovation”一起广为世人所识。另外,有学者根

① 崔少峰.浅议企业家精神与企业管理创新[J].经营管理者,2008(13):13.

据创业人不同的创业动机将他们分为两类：机会型创业人和生存型创业人①。

2. 创业

创业一词的英文是“entrepreneurship”。然而，其英文的含义在学术上并不像中文“创业”所包含的意思那么明确。一直以来，关于创业一词的确切含义还没有一致认可的说法，但是，关于对其含义的理解在学者中有一个共识。即创业并不仅仅指创办企业。唐纳德·库拉科认为创业不仅指创办企业这一过程或结果，同时也是创办企业过程中创业人发挥创造力，增强承担风险的意志力，组织团队和资源去识别机会、解决问题的过程②。史迪文·戈第恩(Steven Gedeon)认为，“创业是一个多维的概念，包括拥有一个小企业，具有创新精神，担任企业领导或创立一家新公司”③。这些定义中就包含我们经常谈论的企业家精神。企业家精神一词的产生和流行主要始于20世纪70年代，当时的世界发达国家如美、日等国，技术飞速发展，加速与经济全球化接轨，创业型经济成为新的经济增长点，企业家精神被政府、企业和学术界广泛关注。企业家精神的研究涉及经济学、金融学、社会学、心理学和管理学等多个学科，可分为多个层次：个体、团队、公司、行业区域、社会和国家④。一般来说，企业家精神包含创新精神、冒险精神、团队合作精神、坚持不懈精神。近年来，企业家精神越来越突出回报社会的社会责任感的重要性。

3. 创业教育

企业家精神一词与教育结合，产生了“entrepreneurship education”一词，翻

---

① 游振声．美国高等学校创业教育研究[D]．重庆：西南大学，2011

② KURATKO D F. The emergence of entrepreneurship education: development, trends, and challenges[J]. Entrepreneurship theory and practice, 2005(5): 577-597.

③ GEDEON S. Application of best practices in university entrepreneurship education designing a new MBA program[J]. European Journal of Training and Development, 2014(3): 231-253.

④ 朱乾，杨勇，陶天龙，等．企业家精神影响因素的国外研究综述[J]．东南大学学报(哲学社会科学版)，2012，14(4)：52-57，72，127.

译成中文为“创业教育”。企业家精神开始是在美国流行开来的，20 世纪 70 年代，美国进入了中小企业迅速发展时期，社会对具有创业精神的开拓型、创新型人才的需求急剧增加，因而企业家精神一词应运而生。最初，创业教育还未形成气候，只是在美国的一些高校里开设了一些创新创业课程。在学术研究中，还没有出现“创业教育”(entrepreneurship education)这一措辞。美国创业教育的先驱瓦斯帕(Vesper)在他的研究中只提到“创业课程”(courses in venture initiation)①。美国管理学之父彼得·德鲁克(Peter Drucker)认为创业并不神秘，它是一门可以教授和学习的学科。“创业教育”一词在学术界最早于 1984 年出现在 Sexton 及 Bowman 的文章中，而更多学者只是如瓦斯帕等学者一样，用到“entrepreneurship programs”或“enterprise education”②，又或者是“entrepreneurial education” 这一称谓。直到 1989 年，创业教育(entrepreneurship education)这一概念才正式在官方场合中出现。“科林·博尔(Colin Boer)在‘面向 21 世纪教育国际研讨会’上提出了‘第三本教育护照’，即‘创业教育’，要求将创业能力培养提升到与学术教育和职业教育同等的地位”③。这标志创业教育从单纯的创立企业的层面提升到培养创业能力与创业精神相结合的层面。虽然创业教育概念至今没有统一的定论，国内外学者对创业教育概念的研究却一直在延续。马丁·雷戈斯(Martin Lackecus)认为创业教育的诠释主要有广义上与狭义上两种含义，广义上的含义主要与个性的发展有关，而狭义上的含义则主要与创立和发展企业有关。广义和狭义的创业教育理解对教育过程中创业教育目标、对象、内容、方法及评估等环节的设计有很大影响④。综观国内外学者对这一概念的阐述，其定义可归纳为以下两种：

(1) 创业教育是培养学习者综合素质的过程。百森商学院的蒂蒙斯(Jeffry A. Timmons)教授指出：在他看来，高校的创业教育不同于社会上的、以解决生存

① VESPER K H, SCHLENDORF J. Views on college courses in venture initiation[J]. Academy of Management Journal, 1973(3): 519-522.

② VESPER K H, ULRICH T, COLE G. Toward more effective training of future entrepreneurs[J]. Journal of Small Business Management, 1987(4):32-39.

③ 韩琪瑄. 美国高校创业教育课程体系研究[D]. 保定：河北大学，2013.

④ MWASALWIBA S. Entrepreneurship education: a review of its objectives, teaching methods, and impact indicators[J]. Education+Training, 2010(1):20-47.

问题为目的的就业培训，应该是一种植入个体遗传基因素养的活动①。我国学者常常将创业教育与我国的素质教育联系在一起，认为创业教育是“培养具有开创性精神的人，这在实质上也是一种素质教育”②。这一类定义属于广义范畴。广义的创业教育定义与个人的成长、培养创造力、自立能力、主动性等有关③。

(2) 创业教育是培养创业技能的过程。关于创业教育，联合国教科文组织的定义是：“创业教育，从广义上来说是指培养具有开创性的个人，它对于拿薪水的人同样重要，因为用人机构或个人除了要求受雇者在事业上有所成就外，正在越来越重视受雇者的首创、冒险精神，创业和独立工作能力以及技术、社交、管理技能”④。美国考夫曼基金会将创业教育定义为“向个人传授一种理念和技能的过程。它帮助被教育者识别那些被别人忽视的机会，使其有足够的洞察力将他人犹豫的事付诸行动。内容应包括识别风险与机会，整合资源以开创新企业，并对企业进行管理等”⑤。很多学者认为创业教育是培养个体识别商业机会、付诸创业行动所需知识和技能的过程。这些定义实际上是创业教育的狭义层面含义⑥。

2.2.2　创业教育模式

模式是一种认识论意义上的确定的思维方式，是人们在生产生活实践当

① 向东春，肖云龙. 美国百森创业教育的特点及其启示[J]. 现代大学教育，2003(2)：79-82.

② 高晓杰，曹胜利. 创新创业教育：培养新时代事业的开拓者：中国高等教育学会创新创业教育研讨会综述[J]. 中国高教研究，2007(7)：91-93.

③ MWASALWIBA S. Entrepreneurship education: a review of its objectives, teaching methods and impact indicators[J]. Education+Training, 2010(1)：20-47.

④ 智库. 创业教育[EB/OL]. http://wiki.mbalib.com/wiki/%E5%88%9B%E4%B8%9A%E6%95%99%E8%82%B2.

⑤ 许朗，贡意业. 大学生创新创业教育模式探索：项目参与式创业教育[J]. 学术论坛，2011(9)：213.

⑥ COLIN J C, ENGLISH J. A contemporary approach to entrepreneurship education[J]. Education+Training, 2004(8/9)：416-423.
FAYOLLE A, GAILLY B. From craft to science: teaching models and learning processes in entrepreneurship education[J]. Journal of European Industrial Training, 2008(7)：569-593.

中，经过对积累的经验进行抽象和升华而获得的。概括地说，模式就是把解决某类问题的方法总结归纳到理论高度，用于解决某一类问题的方法论。模式具有典型性和稳定性，既体现了一定的理论框架，同时又反映了实践的一种可操作的程序①，它可以包括科学实验模式、经济发展模式、企业盈利模式等。

1972 年，美国教育心理学家乔依斯（Joyce）和韦尔（Well），在他们的专著《教学模式》中第一次把模式一词引入教育学研究中，研究教学理论与教学实践的统一问题。教育模式通常都建立在某种教育理论基础之上，是一种介于教育理论和实践之间的方法策略体系。关于教育模式的分类，国内外学者从不同角度出发有不同的分类。

创业教育模式作为创业教育理论和创业教育实践活动的中介，包括教育活动的各个要素以及各个环节的组合与构成。创业教育活动与其他教育活动一样，不是无意识的、盲目的，而是自觉的、有目的的。创业教育模式的界定与分类也因角度不同而多种多样。创业教育模式没有统一的定义，根据不同角度分类大致可以从以下三个层面诠释：

（1）从心理学层面诠释。在弗莱契纳（Michael Fretschner）和韦伯（Susanne Weber）的研究中，创业教育模式是一个从创业意识教育到学习者产生创业意愿的变化过程②。

（2）从高等教育学层面诠释。法约列和盖里（Gailly）认为创业教育模式包含哲学层次上对创业教育的认识和教学层次上创业教育项目的教学目标、内容、方法、评估和目标学习者五要素概念模型③。艾利克斯・马里兹则在这个模式基础上又加入情境和绩效这两个要素，形成一个七要素概念模型④。

（3）从国家、地区与大学的关系层面诠释。埃茨科威兹和雷德斯多夫从经济、政治角度创立的三螺旋模型无疑是最著名的。该模式将创业教育的主要主

---

① 黎江.对高等教育领域创业教育模式的认识[J].高等农业教育，2004(12)：14-17.

② FRETSCHNER M，WEBER S. Measuring and understanding the effects of entrepreneurial awareness education[J]. Journal of Small Business Management，2013(3)：410-428.

③ FAYOLLE A，GAILLY B. From craft to science：teaching models and learning processes in entrepreneurship education[J]. Journal of European Industrial Training，2008(7)：569-593.

④ MARITZ A. Illuminating the black box[J]. Education+Training，2013(3)：234-252.

体——大学置于大学、产业、政府三方相互作用、相互合作的动态螺旋关系之中，并且特别强调了大学在这一模式中的重要性①。菲特斯等人构建了基于大学的包括创业教育管理、课程、创业教育研究项目和中心、学生社团、孵化器及创业教育首席教授在内的创业教育生态模型②。马里兹等人则认为创业教育模式是将大学的创业教育作为催化剂融入到创业生态系统和国家创业系统之中的一个整体③。

总之，创业教育模式没有统一的定义，也没有确定的形式。不同的视角下及不同层面的创业教育可以呈现不同形式和内容的创业教育模式。而如何采用适合的视角和理论来指导创业教育模式的构建，也是创业教育这一蓬勃发展的新学科需要不断探索的问题。

2.2.3　研究型大学

1. 研究型大学的涵义

关于大学的分类，各个国家可能有各自不同的标准。1973 年在美国卡内基教学促进基金会的分类中，研究型大学被列在首要位置。研究型大学英文是“research university”。美国在吸取德国大学经验的基础上，开创了教学与研究相互结合的研究型大学的传统。据美国博耶委员会(Boyer Commission)1998 年的一份报告中，美国研究型大学在所有高等院校中占比为 3%，在本科类高校中占比为 6%。截至 2015 年，美国共有大约 5 000 所高等学校，其中 108 所被

① ETZKOWITZ H, LEYDESDORFF L. The dynamics of innovation: from national systems and “Mode 2” to a triple helix of university-industry-government relations[J]. Research Policy, 2000(2):109-123.

② FETTERS M, GREENE P G, RICE M P. The development of university-based entrepreneurship ecosystems: global practices[M]. Cheltenham: Edward Elgar, 2010.

③ MARITZ A, KOCH A, SCHMIDT M. The role of entrepreneurship education programs in national systems of entrepreneurship and entrepreneurship ecosystems[J]. International Journal of Organizational Innovation, 2016(4):7-26.

卡内基教育促进基金会评为1类研究型大学，100所被评为2类研究型大学①。

传统上研究型大学被认为是专注教授和研究生的研究工作，在学术上享有很高知名度的高等教育机构。博耶委员会的报告对1类研究型大学的定义是：提供完整的学士学位课程，致力于从硕士到博士的研究生教育，高度重视研究，每年授予50个以上博士学位，每年获得至少4 000万美元联邦政府资助②。莱克罗克斯(Lacroix)和马欧(Maheu)认为，研究型大学是一种特殊的机构，是组织高等教育的方式之一③。克洛(Crowl)和达巴斯(Dabars)对研究型大学的看法则更具体，他们认为除了源源不断地给国家输送学者、科学家、各领域领导者之外，研究型大学是科学发现和技术革新的主要源泉，在全球知识经济时代，这些科学发现和技术革新推动了经济发展和社会进步④。如今的研究型大学已不再仅仅是科研的高地，更担当着开展创新创业教育、推动国家和地区经济的重要使命。

在我国大陆地区，截至2017年6月，共有2 914所高等学校⑤。国内学者潘懋元、董立平认为，我国的研究型大学是指那些具备完整的从本科到博士的人才培养层次体系，以教授基础学科和应用学科的基本理论为主的大学，这类大学主要以“985”“211”工程院校为主体⑥。王战军关于研究型大学内涵的定义也得到国内很多学者的肯定。王战军认为，研究型大学是以创新型的知识传播、生产和应用为中心，以产出高水平的科研成果和培养高层次的精英人才为目标，在社会发展、经济建设、科技进步、文化繁荣、国家安全中发挥重要作用的

① CROWL M, DABARS W. A new model for the American research university[J]. Issues in Science and Technology, 2015(3):55-62.

② Boyer Commission on Educating Undergraduates in the Research University. Reinventing undergraduate education: a blueprint for America's research universities[C]. New York: State University of New York at Stony Brook, 1998.

③ LACROIX R, MAHEU L. Leading research universities in a competitive world[M]. Montreal: McGill-Queen's University Press, 2015.

④ CROWL M, DABARS W. A new model for the American research university[J]. Issues in Science and Technology, 2015(3):55-62.

⑤ 搜狐网. 2018年38所研究型大学名单[EB/OL]. http://www.sohu.com/a/232825904_100980.

⑥ 潘懋元，董立平. 关于高等学校分类、定位、特色发展的探讨[J]. 教育研究，2009(2):33-38.

大学[①]。

2. 研究型大学的特点

虽然关于研究型大学的定义至今尚没有一致公认的解释，其特征却是较明显的。在美国以每年获得的政府经费支持是否多于 4 000 万美元为标准，研究型大学又可分为一线研究型大学和二线研究型大学。博耶委员会的报告从政府经费支持、大学师资、研究生（包括博士后）的数量、科研氛围、国际化、文化多元化、艺术人才培养等方面，总结出研究型大学具有以下特征：① 每年获得至少1 550 万美元的政府经费支持（二线研究型大学）。② 拥有世界一流的学者和诺贝尔奖得主。③ 研究生和博士后的数量比其他大学多得多。④ 每年授予博士学位不少于 50 个。⑤ 拥有由大型图书馆、设备精良的实验室、尖端的计算机技术、大学出版社等构成的良好科研氛围。⑥ 国际化程度高，吸引来自全世界的国际学生，尤其是研究生层次国际学生。⑦ 成功吸引并留住来自各个种族背景的学生。⑧ 拥有其他高校不具备的系列交叉学科课程。⑨ 绝大多数认同视觉与表演艺术的重要性。这些特征同时成为美国研究型大学的主要评估标准[②]。

在我国，关于研究型大学，学者侯光明等总结其有如下特征[③]：① 强大的财政实力和良好的物质技术基础。② 生源质量高，培养社会精英。③ 科研成果卓著。④ 具有良好的面向社会、企业和政府的服务能力。⑤ 带动孵化出高科技园区。⑥ 高度国际化。⑦ 研究优先，以培养研究生为主。⑧ 汇聚知名学者，教师队伍一流。⑨ 学科布阵合理、优势明显。⑩ 管理一流，校长杰出。⑪ 具有先进的大学文化。

随着我国高等教育的发展，我国对研究型大学的分类也日益细化，目前的分类方法中较普遍的是将研究型大学分为学术研究型、应用研究型、综合研究

---

① 王战军. 中国研究型大学建设与发展[M]. 北京：高等教育出版社，2003：2.

② Boyer Commission on Educating Undergraduates in the Research University. Reinventing undergraduate education: a blueprint for America's research universities[C]. New York: State University of New York at Stony Brook, 1998.

③ 侯光明. 中国研究型大学理论探索与发展创新[M]. 北京：清华大学出版社，2005.

型、综合教学科研型等[①]。不同的研究型大学其人才培养的定位也不同。一般来说，一流的综合性研究型大学的人才培养定位是培养高级专门人才，应用型大学或职业技能型高校其人才培养定位则是面向生产、管理和服务等领域的一线的、应用型人才[②]。

2.3 研究型大学创业教育与人本主义教育理论的应用

2.3.1 研究型大学创业教育课程及总体情况研究综述

创业教育发源于研究型大学，并在研究型大学中不断发展和深化。早在1913年，创业学之父约瑟夫·熊彼得(Joseph Schumpeter)就开始在美国哥伦比亚大学任教，之后又进入哈佛大学，开始了与创业相关的教学与研究。20世纪90年代，面对研究经费减少的状况，美国教育界和研究界开始意识到研究型大学面临前所未有的改革挑战。斯坦福大学校长唐纳德·肯尼迪(Donald Kennedy)曾指出，为应对挑战，研究型大学的校长要转变思维，需要发展交叉学科，改革课程与学科设置，大学的教师及核心管理层之间要建立合作[③]。在此背景下，斯坦福大学开始了创业教育改革，并开创了斯坦福-硅谷模式。

---

① 杜瑛. 高校分类体系构建的依据、框架与应用[J]. 中国高等教育，2016(Z2)：32-37.
陈厚丰. 中国高校分类标准及对"985工程"大学的分类尝试[J]. 高校教育管理，2011，5(6)：21-26.

② 史秋衡，康敏. 探索我国高等学校分类体系设计[J]. 中国高等教育，2017(2)：40-44.

③ ABELSON P. The American research university[J]. Science，1993(5133)：487-487.

1. 国外研究综述

(1) 研究型大学创业课程研究

创业课程是创业教育中的重要环节，创业课程研究在创业教育研究中占有重要地位。早期的创业教育课程研究主要针对商学院学生，瓦斯帕对210所商学院所做的调查研究中并没有出现“创业课程”的提法，更多的则是“创办企业课程”[①]。在其任教于华盛顿大学期间，瓦斯帕以一项由多学科学生参与的该大学MBA项目为案例，讨论了课程的组织、教学过程与教学评估等问题[②]。齐萨姆尔(Zeithaml)和乔治·H. 小赖斯(G. H. Rice Jr.)从入学人数、课程数量及开设创业课的学校数量和比例，考察了美国100所研究型大学商学院针对本科生和研究生所开设的创业课程情况[③]。瓦斯帕还对1945年至1995年间美国研究型大学创业教育的发展，包括创业课程开设数量的变化及其政治、经济原因进行了详细论述，并且对全世界311所大学的商学院创业课程进行了调查，然后按学术得分、创业杂志和创业周等指标评出美国排名前65名的研究型大学[④]。随着大学创业教育课程的迅速发展，很快大学开设的创业课不再仅限于单门课程，而发展成为与不同学位层次相关的、不同的课程项目，即英文中的“program”[⑤]。因此，创业课程研究也从针对单门课程发展到针对一系列课程

---

① VESPER K H. Venture initiation courses in US business schools[J]. Academy of Management Journal, 1971(4): 525-528.
VESPER K H, SCHLENDORF J. Views on college courses of venture initiation[J]. Academy of Management Journal, 1973(3): 519-522.

② VESPER K H. A multidisciplinary experiment in management education[J]. Academy of Management Proceedings, 1973(1): 284-290.

③ ZEITHAML C P. RICE G H. Entrepreneurship/small business education in American universities[J]. Journal of Small Business Management, 1987(1): 44-50.

④ VESPER K H. GARTNER W B. Measuring progress in entrepreneurship education [J]. Journal of Business Venture, 1997(5): 403-421.

⑤ MCMULLAN E, CHRISMAN J, VESPER K H. Some problems in using subjective measures of effectiveness to evaluate entrepreneurial assistance programs[J]. Entrepreneurship Theory and Practice, 2001(1): 37-54.
KATE J A. The chronology and intellectual trajectory of American entrepreneurship education: 1876-1999[J]. Journal of Business Venturing, 2003(2): 283-300.

项目的研究。

（2）研究型大学创业课程学习者研究

早期创业教育课程研究主要针对商学院学生，如瓦斯帕对 210 所商学院所做的调查研究。随着美国创业教育的发展，创业课程的学习者群体越来越复杂和多元化[①]。赛尔默(Seymour)在分析美国创业教育课程设置时，将创业课程目标群体分为社区学院学生、大学本科生、大学研究生，商学院学生与非商学院学生，以及企业主等不同种类进行考察[②]。约翰逊(Johnson)等认为，大学创业教育针对不同专业的学生，因此，创业教育课程设置要能满足不同学科、专业的学生目标群体的不同需求[③]。此外，创业教育研究还开始关注中小企业主群体，如埃尔里奇(Ulrich)和科尔(Cole)从创业企业家心理特征角度，建立了一个创业教育学习风格和教学方法概念模型[④]。伊安·高登(Ian Gordon)则以中小企业主为研究对象，论述了创业教育对他们产生的积极作用[⑤]。凯瑟琳娜·费伦霍弗(Katharina Fellnhofer)则从计划行为理论角度出发展开研究，其实证研究表明激发和促进创业教育学习者的自我效能对他们开启成功的创业生涯至关重要，这也表明学习者这一因素在创业教育成败中起着决定性作用[⑥]。

（3）研究型大学创业教育发展总体情况研究

瓦斯帕早在 1988 年就洞察到要发展创业教育必须发展其学位教育。他在《创业：今天的课程，明天的学位》一文中从学生需求及创业教育人才培养目标等方面指出在大学里设立创业教育学士、硕士甚至博士学位的必要性及其重要

---

① VESPER K H, SCHLENDORF J. Views on college courses in venture initiation[J]. Academy of Management Journal, 1973(3): 519-522.

② SEYMOUR N. Entrepreneurship education in American community colleges and universities[R]. Los Angeles: Eric, 2001:1-9.

③ JOHNSON D, CRAIG J, HILDEBRAND R. Entrepreneurship education: towards a discipline-based framework[J]. 2006(1):40-54.

④ ULRICH T, COLE G. Toward more effective training of future entrepreneurs[J]. Journal of Small Business Management, 1987(4):32-39.

⑤ GORDON I, HAMILTON E, JACK S. A study of a university-led entrepreneurship education program for small business owner/managers[J]. Entrepreneurship & Regional Development, 2012(9-10):767-805.

⑥ FELLNHOFER K. Entrepreneurship education revisited: perceived entrepreneurial role models increase perceived behavioural control[J]. International Journal of Learning and Change, 2017(3):260-283.

意义①。卡兹(Katz)对1876～1999年间美国创业教育课程、开设创业课程学校、资金投入、捐赠讲席设立及相关学术期刊增长等总体情况作了详细综述②。而库拉德科(Kuratko)回顾总结了20世纪末至21世纪初创业教育在课程、学位、师资、资金等方面的发展、新趋势及未来面临的挑战③。莫里斯(Morris)等总结了大学创业教育中心、课程、第二课堂、学位课程及相关研究情况，并讨论了各种大学创业教育管理结构的利弊④。

(4) 研究型大学创业教育功能定位研究

目前，研究型大学的创业教育面临着教学、科研和创业活动的相互融合，因此现代研究型大学的功能定位变得更为复杂。20世纪后期，有些学者从研究型大学利用相关研究和技术创造社会经济效益的角度出发，认为研究型大学有一种正逐渐演变为创业型大学的趋势。艾兹科维茨研究发现，大学中很多的科学家和教授对创业拥有浓厚兴趣，并阐述了“大学曾经被认为是培养专门人才的地方，却被发现正成为生产因素”⑤。克里斯曼(Chrisman)等也认为那种认为大学是教学的高等学府的观念正在改变，大学正在成为经济发展的引擎⑥。2004年艾兹科维茨进一步明确指出，“融合了经济和社会发展使命的第二次学术革命正在将传统的教学和科研型大学转变为创业型大学”⑦。正如克洛等学者所说，美国排名前100的主要研究型大学，除了为美国提供各领域的学者、科

① RONSTADT R, VESPER K H, MCMULLAN W E. Entrepreneurship: today courses, tomorrow degrees? [J]. Entrepreneurship Theory and Practice, 1988(1):7-13.

② KATZ J A. The chronology and intellectual trajectory of American entrepreneurship education: 1876-1999[J]. Journal of Business Venturing, 2003(2):283-300.

③ KURATKO D F. The emergence of entrepreneurship education: development, trends, and challenges[J]. Entrepreneurship Theory and Practice, 2005(5):577-597.

④ MORRIS M H, KURATKO D F, CORNWALL J R. Entrepreneurship programs and the modern university[M]. Cheltenham: Edward Elgar Publishing Ltd., 2013.

⑤ ETZKOWITZ H. Entrepreneurial scientists and entre preneurial universities in American academic science[J]. Minerva, 1983(21):232.

⑥ CHRISMAN J, HYNES T, FRASER S. Faculty entrepreneurship and economic development: the case of the university of calgary[J]. Journal of Business Venturing, 1995(4):267-281.

⑦ ETZKOWITZ H. The evolution of the entrepreneurial university[J]. International Journal of Technology and Globalisation, 2004(1):64-77.

学家和领袖，这些大学也是全球知识经济时代主要的科技发现和创新源泉①。这些研究突出了研究型大学创业氛围和科研技术转让的成效。

虽然因教学、科研和创业活动的相互融合，现代研究型大学的功能定位更加复杂了，但是传授知识、培养人才仍然是研究型大学成为大学的根本。那些被称为创业型的大学，其核心仍然是其处于尖端的科研水平。以被公认为创业型大学典范的美国斯坦福大学为例，仅科研中心就有 95 个。2012 年，美国国家研究委员会出版了题为《研究型大学与美国未来：美国繁荣和安全的十大突破性举措》的研究报告，在重新审视研究型大学在国家发展和创新系统及整个高等教育体系中的作用后，再次强调研究型大学在大学、政府、企业创新系统中的重要性②。2017 年，《普林斯顿评论》通过对 2 000 多所美国大学的调查，评选出美国最佳本科生和研究生创业教育大学名单，其中绝大多数是研究型大学③。这些证明目前美国研究型大学的创业教育是卓有成效的，但并没有改变其科研和教学在整个学校中的主导地位。所谓“创业型大学”的出现并不意味着研究型大学的消失。研究型大学与创业型大学的根本都是科研，都肩负着创业教育的重要使命，只是研究型大学仍强调教学的重要性，而创业型大学更强调经济发展的功能④。

2. 国内研究综述

在我国，根据研究型大学创业教育的具体实践情况来看，我国部分研究型大学对创业教育及其发展模式的认识仍停留在初级阶段。席升阳指出，我国目前的创业教育研究正在从创业教育概念的探讨、创业教育的起源等向如何构建创业教育的教学、实践体系等具体方面问题研究过渡⑤。我国的研究型大学创

---

① CROW M, DABARS W. Designing the new American university[M]. Baltimore: John Hopkins University Press, 2015.

② National Research Council of the National Acade. 研究型大学与美国未来：美国繁荣与安全的十大突破性举措[M]. 朱健平，译. 长沙：湖南大学出版社，2015.

③ Entrepreneur. Colleges & Business Schools[EB/OL]. https://www.entrepreneur.com/topcolleges.

④ YUSOF M, JAIN K K. Categories of university-level entrepreneurship: a literature survey[J]. International Entrepreneurship and Management Journal, 2010(1): 81-96.

⑤ 席升阳. 我国大学创业教育的理论与实践研究[D]. 武汉：华中科技大学，2007.

业教育与欧美等国家相比，科学的、系统的模式还未形成，对课程、教学、实践平台、组织环境等方面的认识不够深入，因此也产生了诸多问题。研究型大学的创业教育发展已经进入了关键时期。对研究型大学来说，最重要的是如何建立系统的创业教育模式①。由此可见，我国研究型大学向创业型大学转型的时机目前尚未成熟。研究型大学创业人才培养模式是整个创业教育体系的关键。现有研究构建的研究型大学创新创业教育体系也是基于创业教育的目标、课程内容、实践平台及评价体系等因素的考察，对研究型大学创业教育中各要素整合的原因与方式没有进行理论上的深入探讨。例如，韩丽丽、王丹、葛玉良探讨了从创业课程及讲座的开设、创业社团活动的开展、创业竞赛的举办及科技园区等创业服务的配套设施等方面构建研究型大学创业教育实践平台与体系②。

在研究型大学面临推动经济发展与教育育人的双重责任的形势下，我国的研究型大学创业教育模式研究有待建立新的理论视角。

2.3.2　研究型大学创业教育模式研究综述

由于研究视角不同，对于大学创业教育模式的研究分为不同层面和种类。从国家和地区层面研究创业教育模式主要运用三螺旋理论和创业生态系统理论，对大学在创业系统中的地位和作用进行论述。埃茨科威兹和雷德斯多夫的三螺旋模型呈现了大学、产业、政府三方在创新中相互合作的动态关系，并且强调大学在其中的重要性③，因此也为以后从国家、地区、大学等在内的组织层面研究创业教育模式提供了有效的理论框架，其三螺旋模型如图 2.1 所示。创业生态系统理论在此基础上进一步将企业细分为金融组织和媒介，该理论认为创业的发展要求有这样一个系统：在这个系统中，高校与包括政府、教育机构、金

---

① 胡昊. 我国研究型大学创业教育模式研究[D]. 杭州：浙江大学，2011.

② 韩丽丽，王丹，葛玉良. 研究型大学创业教育实践平台体系建设研究：以北京师范大学为例[J]. 中国大学生就业，2015(10)：60-64.

③ ETZKOWITZ H, LEYDESDORFF L. The dynamics of innovation: from national systems and "mode 2" to a triple helix of university-industry-government relations[J]. Research Policy, 2000(2):109-123.

融组织、媒体网络等在内的所有利益相关者合作，并在其中占据关键的位置①。后来，艾利克斯·马里兹将大学校园层面的创业教育融入到宏观的创业生态系统中，他主张将大学创业教育作为催化剂融入到创业生态系统和国家创业系统之中，并提出相关的模式②。尤索夫（Yusof）和嘉恩（Jain）基于三螺旋和创业生态系统理论框架，将学术创业和创业大学概念引入大学层面的包括教育管理、组织文化、课程教学等因素在内的模式之中，并得出一个大学、产业和外部环境相互联系的模型③。这些研究侧重将大学作为一个组织置于国家创业体系之中，考察大学创业教育模式问题。

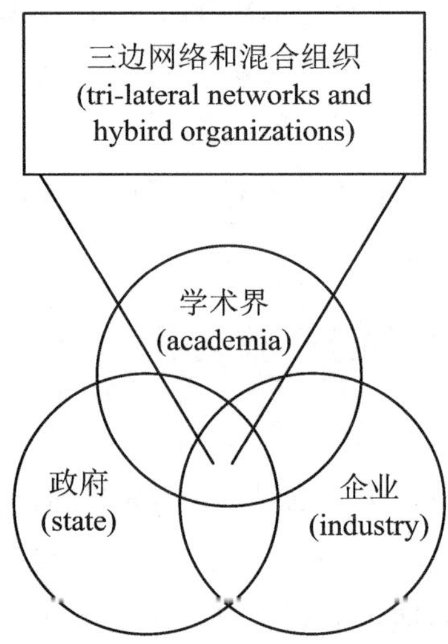

图 2.1 “大学-企业-政府”三螺旋模型图

资料来源：ETZKOWITZ H, LEYDESDORFF L. The dynamics of innovation: from national systems and “mode 2” to a triple helix of university-industry-government relations[J]. Research policy, 2000(2):109-123.

基于大学校园层面的创业教育模式研究成果较多。

① ISENBERG D. The big idea: how to start an entrepreneurial revolution[J]. Harvard Business Review, 2010(6):41-50.

② MARITZ A. The role of entrepreneurship education programs in national systems of entrepreneurship and entrepreneurship ecosystems[J]. International Journal of Organizational Innovation, 2016(4):7-26.

③ YUSOF M, JAIN K K. Categories of university-level entrepreneurship: a literature survey[J]. International Entrepreneurship and Management Journal, 2010(1):81-96.

1. 国外的研究情况

皮塔威(Pittaway)和寇普(Cope)运用文献分析法,通过对总体创业教育政策情境、大学的创业情境(包括大学的管理、组织文化、基础设施和科研技术的商业化)、课程情境(学生的创业倾向及课程教学方法)、毕业生创业及就业能力等方面的分析,总结出一个从创业教育的投入到产出的宏观的模型,即从创业教育政策到学生创业及就业能力的创业教育模型①。菲特斯等学者在前面研究的基础上构建了基于大学的包括创业教育管理、课程、创业教育研究项目和中心、学生社团、孵化器及创业教育首席教授在内的创业教育生态模型,该模型进一步丰富了大学层面的教育模式具体内容②。

美国康奈尔大学斯特里特(Streeter)等学者通过调查研究,按创业教育实施形式,将美国的大学创业教育模式归纳为两个大类③:一种是聚焦式(focused model)创业教育,另一种是普及式(university-wide model)创业教育。聚焦式创业教育只面向 MBA 或特定的工程专业学生开放,以哈佛商学院、洛约拉马利蒙特大学(Loyola Marymount)等为代表。另一种是普及式(university-wide model)创业教育,此模式不局限于特定的专业和大学生群体,而是面向所有专业的大学生开展创业教育,以百森商学院(Babson)、康奈尔大学(Cornell)、麻省理工学院(MIT)、斯坦福大学(Stanford)为代表。斯特里特等学者又进一步将美国普及式创业教育划分为两大类型:一是磁铁型(magnet programs)。这种类型的创业教育类课程由大学里的商学院开设,全校各院系的学生都可以参加。磁铁型又可以细分为单一式(single)和复合式(multiple magnets)。单一式由单一的教学单位实施创业教育,例如麻省理工学院的创业教育就是委托斯隆管理学院来进行的。在复合型的模式下,负责实施创业教育的单位不止一家。总之,磁铁式的创业教育,其课程、师资、经费等资源相对集中。二是辐射

① PITTAWAY L, COPE J. Entrepreneurship education: a systematic review of the evidence[J]. International Small Business Journal, 2007(5):479-510.

② FETTERS M, GREENE P G, RICE P. The development of university-based entrepreneurship ecosystems: global practices[M]. Cheltenham: Edward Elgar, 2010.

③ DEBORAH H S, JOHN P J. University-wide entrepreneurship education: alternative models and current trends[J]. Southern Rural Sociology, 2004(2): 44-71.

式(radiant programs)。这种类型的创业教育分散在不同的院系,例如康奈尔大学就有九个院系独立实施创业教育。每个院系都可以开设面向本院的创业课程,开展形式多样的创业教育。每家单位都可以有相对独立的创业教育资源,例如师资、经费、场地等。为了统筹分散的创业教育资源,大学里还设置有创业教育的管理机构(administrative unit),独立于具体的学院之外,负责分配创业教育资源,协调各实施单位之间联系。该模式的具体结构如图 2.2 所示。

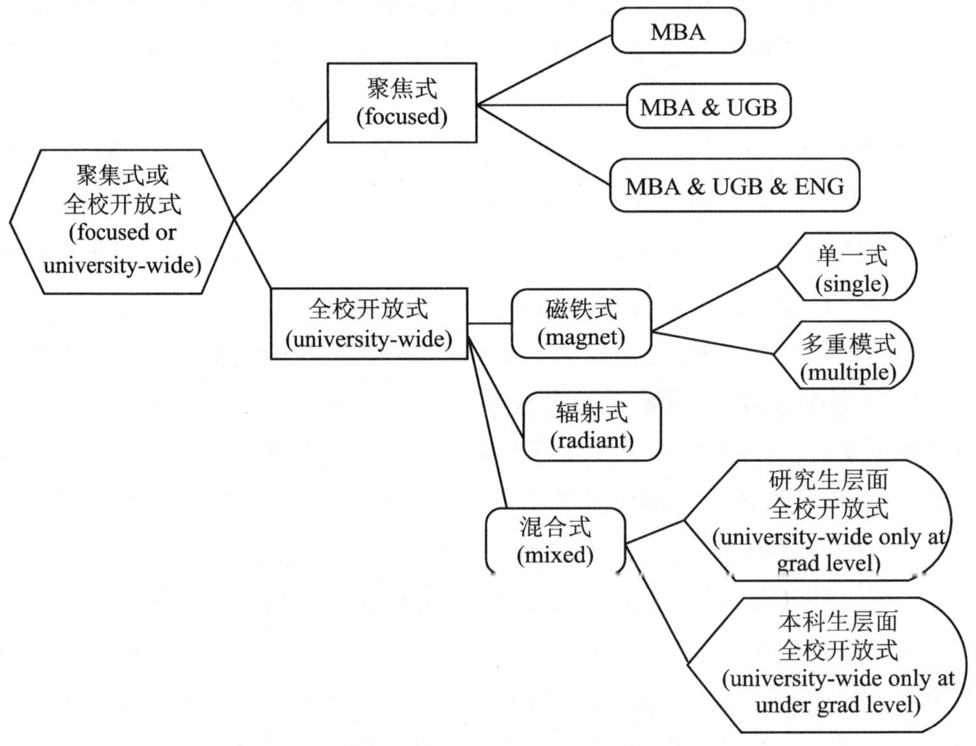

图 2.2　美国大学创业教育模式图

资料来源:DEBORAH H S, JOHN P J, et al. University-wide entrepreneurship education: alternative models and current trends[J]. Southern Rural Sociology, 2004(2): 44-71. 游振声,徐辉. 多样化推进:美国高等学校创业教育途径探析[J]. 比较教育研究,2010,32(10):61-66.

此外,美国的创业教育还有一种混合型(mixed programs)。顾名思义,混合型就是上述聚焦式和普及式的结合。在混合式模式下,有的是在研究生层次开设普及性创业教育,在本科生层次则开展聚焦式创业教育,有的则相反。

这些模式研究对大学如何实施创业教育提供了有益的模式参考。然而,这些大学宏观层面的模式研究,缺乏从教育理论视角考察创业教育的学习者实现创新、创业能力和素养提升的动态系统。从教育学角度研究创业教育教学、课程等方面的模式是大学宏观层面模式研究之外的另一个重要方向。阿兰·法约列将创业教育模式总结为包含哲学层次上对创业教育的认识，以及教学层次上教学目标、内容、方法、评估和目标学习者五大模块内容①，简称 5W 模式图。这是最具代表性的关于创业教育大学层面模式的文献，如图 2.3 所示。

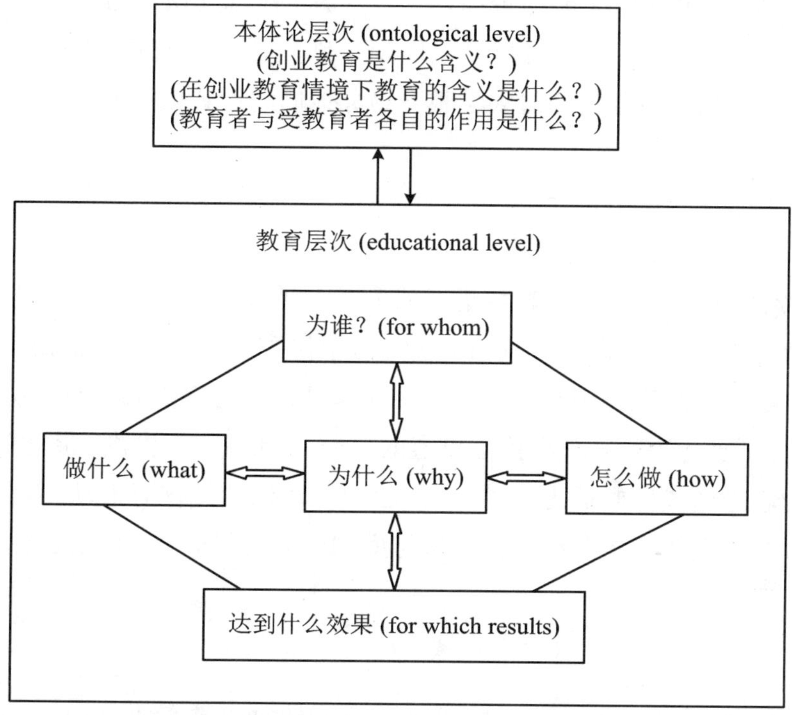

图 2.3　阿兰·法约列创业教育 5W 模式图

资料来源：FAYOLLE A, GAILLY B. From craft to science: teaching models and learning processes in entrepreneurship education[J]. Journal of European Industrial Training, 2008(7):569-593.

在此基础上，科兹林斯卡（Kozlinska）认为现在新的创业教育模式已经从提供书本知识的被动形式转变为整体且动态的形式，这种新模式的教育方式是

① FAYOLLE A, GAILLY B. From craft to science: teaching models and learning processes in entrepreneurship education[J]. Journal of European Industrial Training, 2008(7):569-593.
FAYOLLE A. Personal views on the future of entrepreneurship education[J]. Entrepreneurship & Regional Development, 2013(7,8):692-701.

整体性的、动态的，教育的目标是培养具有创业意识的人及真正的企业家，其模式虽仍然以教学目标为中心，但明确地将针对学习者个性、培养其创造力以及对学习者社会实践能力的培养纳入到模式之中①。马里兹和布朗(Brown)在法约列等人研究的基础上将模型中的五大要素进行具体化，并将情境因素和创业教育绩效加入概念模型，进一步丰富了教学层面的模型结构②。弗莱契纳和韦伯基于计划行为理论(TPB)研究得出了一个从创业意识教育到学习者产生创业意愿的教育模式③。这些研究成果体现了创业教育研究越来越关注创业教育学习者个体层面及如何通过大学教育培养他们的创新创业能力。

2. 国内的研究情况

从大学校园层面对创业教育进行研究较为普遍。一些学者对美国大学组织创业教育教学的形式进行简介，以便为中国的创业教育实施模式提供参考④。还有一些学者将中国高校的创业教育模式分为三类，即"课堂式""实践式""综合式"⑤。而关于创业教育内容的研究则更多。董世洪、龚山平认为中国的创业教育模式可概括为三种：自我运作型、依托型、政府推动型，并主张建立高校、政府、企业互相合作的社会参与型创业教育模式⑥。许朗、贡意业提出

---

① KOZLINSKA I. Contemporary approaches to entrepreneurship education[J]. Journal of Business Management，2011(4)：205-220.

② MARITZ A，BROWN C. Illuminating the black box of entrepreneurship education programs[J]. Education+Training，2013(55)：234-252.

③ FRETSCHNER M，WEBER S. Measuring and understanding the effects of entrepreneurial awareness education[J]. Journal of Small Business Management，2013(3)：410-428.

④ 刘帆，王立军，魏军. 美国高校创业教育的目标、模式及其趋势[J]. 中国青年政治学院学报，2008(4)：98-101.
罗媛. 美国高校创业教育探析[J]. 比较教育研究，2010(10)：55-60.
李丽芳. 美国大学创业教育评析[J]. 高教探索，2012(4)：57-61.

⑤ 郭峰，杨恒亮，高冬梅，等. 中日大学生创业教育比较研究[J]. 创新与创业教育，2011(6)：89-93.

⑥ 董世洪，龚山平. 社会参与：构建开放性的大学创新创业教育模式[J]. 中国高教究，2010(2)：64-65.

项目参与式创业教育模式①。余潇潇、刘源浩提出基于三螺旋的“流动要素模型”②；林刚、李响提出创业教育中创业人才培养采用“整合学科特色优势的市场化办学模式”③。

另一些学者如钱强指出当前我国创业教育模式的不足与缺陷，认为目前我国多数大学的创业教育采用的是“商业化”运作模式，这种模式“不能真正培养学生创业意识，完善学生创业的综合素质”④。卢灿丽则指出我国大学的创业教育模式陈旧，创业教育目标单一，课程体系缺乏创新，创业教育实践没有体现个性化的要求，因而严重影响了创业教育的发展及其成效⑤。李伟铭、黎春燕、杜晓华等认为，我国高校的创业教育缺乏系统性、规划性，在确定创业教育模式过程中，对采用怎样的教育目标、教育计划、教育实施方案和教育评估措施等方面都缺乏系统安排；同时指出应该针对不同层次、不同专业的学生进行具体的创业教育模式规划和设计⑥。

综上所述，迄今为止在国内外的创业教育模式研究中，作为创业教育对象同时又是创造力主体的学习者，其在创业教育模式中的地位与作用没有得到应有的重视，创业教育不能真正针对这些学习者进行整体、动态的能力与素养的培养。国内外对创业教育模式的研究，皆有待从人本主义教育角度出发，深入研究如何构建系统的大学创业人才培养模式，以达到充分发掘学习者创造力、满足学习者个性化需求的目标。

---

① 许朗，贡意业．大学生创新创业教育模式探索：项目参与式创业教育[J]．学术论坛，2011(9)：213-217.

② 余潇潇，刘源浩．基于三螺旋的研究型大学创新创业教育模式探索与实践[J]．清华大学教育研究，2016，37(5)：111-115.

③ 林刚，李响．高校创业型人才培养模式要素解析与转型路向：基于地方综合性大学的分析视角[J]．江苏高教，2018(6)：71-74.

④ 钱强．当前高校创业教育的问题与对策探究[J]．中国高教研究，2005(8)：92-93.

⑤ 卢灿丽．论高校创业教育的目标定位及实现路径[J]．教育理论与实践，2018，38(12)：11-13.

⑥ 李伟铭，黎春燕，杜晓华．我国高校创业教育十年：演进、问题与体系建设[J]．教育研究，2013 (6)：42-51.

2.3.3 人本主义教育理论的应用研究综述

成立于1941年的美国人本主义者协会(AHA)一直将提倡教育领域人本主义作为其使命之一,每年AHA都会召开人本主义主题学术会议。人本主义教育理论在20世纪六七十年代的美国开启了一场轰轰烈烈的改革运动。除了其代表人物马斯洛和罗杰斯之外,很多学者也为此奔走呼吁。舒曼(Shuman)呼吁用人本主义的教学理论改革美国学校里死记硬背的风气,他认为所有人的教育都需要一种人本主义的导向①。如今人本主义已成为美国及世界很多国家教育领域的主流思想②。伯格瓦特(Borgwardt)论述了教育管理中人本主义教育思想的重要作用③。弗朗西斯(Francis)则详细论述了人本主义教育思想的目的、方法和内容,并提倡在美国学校系统中进一步发扬人本主义教育理念,为美国教育继续在世界处于领先地位提供新的活力④。正因为美国人本主义教育思想已深入教育体系之中,因此,明确以人本主义与创业教育相结合作为研究对象的研究并不多见。柯林汉姆(Cunningham)主张以人本主义价值理念在企业中营造一种更有效、更利于个人成长的企业文化。其研究可认为为运用人本主义指导创业教育提供了一种有意义的启示。⑤。此外,人本主义在教育管理及医学教育中也广泛应用,主要突出在管理及教学实践中如何体现以人为本的思想⑥。人本主义教育理论内容广博而深邃,我国学者关于该理论的研究

---

① SHUMAN R B. Toward redefining the humanistic perspective[J]. Journal of Aesthetic Education,1980(3):91-103.

② 曾德琪. 罗杰斯的人本主义教育思想探索[J]. 四川师范大学学报(社会科学版),2003(1):43-48.

③ BORGWAXDT M. Humanism in the contemporary theory of educational administration[D]. Milwaukee: Marquette University,1991.

④ FRANCIS S. Humanistic education: reflections on and analysis of its aims, methods, and content[D]. Pullman: Washington State University, 1991.

⑤ CUNNINGHAM M. Planning for humanism[J]. The Journal of Business Strategy, 1983(4):87-90.

⑥ KLEIMAN S. Revitalizing the humanistic imperative in nursing education[J]. Nursing Education Perspectives, 2007, 28(4): 209-213.

主要从教育学视角对其进行概述。曾德琪从教育目的观、学生观、教学观及教师观等方面阐述了罗杰斯的人本主义教育思想①；李利平对罗杰斯思想的分析则从教育目的观、过程观、课程内容观和教学评价观等几个方面展开②；陈新忠、董泽芳从教育理念、教育目的、教育原则、教育内容、教育过程和教育方法等方面分析了罗杰斯教育思想③；毛亚庆将罗杰斯与斯金纳的理论分别作为人本主义与科学主义两大教育范式进行对比研究④。

据比查德(Béchard)和格里高利(Grégoire)的文献回顾，研究创业教育所涉及的理论领域有学术理论、社会学理论、个体理论(包括人本主义)、伦理学理论、心理认知理论、社会认知理论及与技术相关的理论⑤等，其中人本主义教育理论在创业教育的研究文献中也具有一定的影响。我国学者邓方园和李德平从以学生为中心、自我实现及和谐的师生关系三个方面概述了该理论的基本内涵，并联系创业教育实践以探索其在创业教育中的应用⑥；陈予、张晶晶、季芳从人本主义心理学内在价值理论角度分析其对创业教育的启示作用⑦。

虽然目前国内外的创业教育研究文献已涉及人本主义及人本主义教育理论，但是运用人本主义教育理论作为理论框架研究创业教育或创业教育模式的文献较少，这一方面与西方人本主义教育思想已深入其教育体系有很大关系，另一方面，创业教育研究还受到其他思想的影响，如实用主义、科学主义等。这也就凸显了以人本主义教育理论为指导，深入探讨研究型大学创业教育模式的重要性和必要性。

---

① 曾德琪.罗杰斯的人本主义思想探索[J].四川师范大学学报(社会科学版)，2003(1)：43-48.

② 李利平.罗杰斯的人本主义教育思想述要：兼谈对创造性人才培养的启示[J].现代教育科学，2004 (5)：21-23.

③ 陈新忠，董泽芳.现代西方人本主义思潮的教育影响评析[J].大学教育科学，2009(2)：66-70.

④ 毛亚庆.从两个教育家的论争看教育研究的两大范式[J].清华大学教育研究，2001(1)：30-37.

⑤ BÉCHARD J P, GRÉGOIRE D. Entrepreneurship education research revisited: the case of higher education[J]. Academy of Management Learning & Education, 2005, 4(1): 22-43.

⑥ 邓方园，李德平.浅议人本主义教育理念在创业教育中的应用[J].中国电力教育，2010(15)：5-7.

⑦ 陈予，张晶晶，季芳.内在价值理论对大学生创业教育的启示：基于人本主义心理学的视角[J].教育理论与实践，2016(6)：12-14.

第3章　人本主义教育视角下研究型大学创业教育模式

本书以人本主义教育理论为基础，以学生的自我实现为核心，以学生为中心构建创业教育模式。人本主义教育思想成为本书理论基础，主要有以下三点原因：首先，历史上研究型大学与人本主义教育思想有着深厚的渊源。人本主义思想对研究型大学的产生和发展都具有深远的影响。现代人本主义教育思想的发源地也是研究型大学，如美国芝加哥大学等。其次，从人本主义视角考察研究型大学创业教育符合研究型大学的特点及其教育目标。以人本主义教育理论视角考察研究型大学创业教育模式问题，有利于研究型大学在创业时代的新形势下更好地发挥促进经济发展和培养创新、创业型人才的作用。最后，目前研究型大学创业教育模式研究虽有多种层面及多种视角之分，却普遍缺乏基本的教育理论框架。目前大学层面的创业教育模式主要遵循以课程、学科为核心，以教师为中心的范式设计各模块，无法体现学生的特点和需求，不利于培养学生的创新意识与创造力。人本主义视角下的研究型大学创业教育模式依据人本主义教育理论，从创业教育目标、学习者、创业教育内容与方法、创业教育实践环境四大模块构建研究型大学创业教育概念模型。这一模式体现的是以创业教育中的学习者的需求为中心，将创业教育目标、内容和实践贯穿于学习者自我实现的整个过程，是真正从学习者视角出发的创新创业人才培养模式。人本主义教育理论的教育目标是实现学生的个人成长，这种成长不仅指智力方面，还包含情感、心理、社交和体力等方面。基于其理论框架的创业教育模式中学生的培养也是全面式的，包括能力与情感等的全面发展。

3.1　人本主义与研究型大学及其创业教育

3.1.1　人本主义与研究型大学

人本主义与研究型大学的关系首先表现在人本主义思想对研究型大学起源的影响。研究型大学的起源主要来自19世纪的德国。当时的普鲁士教育大臣、德国著名学者、教育改革家威廉·冯·洪堡创办了柏林大学。威廉·冯·洪堡正是德国人本主义思想的代表，他主张突破教会及神学对大学学科的限制，摆脱官僚对大学管理的影响，主张学术自由及教学与科研并重，并推行新的教学研究方法——研讨班(seminar)制度。科学研究第一次成为大学的职能。柏林大学真正开创了一种前所未有的大学形式——现代研究型大学。洪堡的办学思想深受启蒙运动的影响，而启蒙运动则是文艺复兴运动的进一步发展，并且为后来的现代人本主义教育思想诞生奠定了基础。如卢梭的教育思想中提倡的“自然人”概念，与后来马斯洛和罗杰斯的“自由的人”“完全的人”等概念本质上都是一样的，其前提都建立在肯定人的自由、尊严和需要等基础之上。美国研究型大学的产生与发展无疑和德国大学有着深厚的渊源关系，19世纪到德国留学或考察的美国学者就达一万人之多，这些人后来成为美国研究型大学的奠基者①。

人本主义与研究型大学的联系还体现在大学的学科设置上。这种联系的出现最早是从大学开设人文学科开始的。美国最早的研究型大学之一——耶鲁大学首次用“humanisties”来表示艺术、语言、文学、历史和哲学等学科的总称。但是耶鲁大学并没有成为第一个开设人文学科的大学。哈佛大学则最早开设了包括文学、戏剧和哲学在内的18门人文课程,其中的哲学课程是关于人的思想和西方思想中对世界的认识。莱斯大学虽然开始没有将人文学科列在其课程与学位名称上,但却承认了人文学科的地位,认为其是与理工、建筑、商学、健康和体育并列的五大学科之一。麻省理工学院以实际行动回击了人们对理工科高校忽视人文学科的偏见。麻省理工学院的人文学院师资充足,开设了一百多门人文课程。

20世纪初期,在美国兴起的“威斯康星思想”(Wisconsin Idea),是人本主义精神在研究型大学中发扬光大的重要标志。1904年威斯康星大学校长查尔斯·范海斯(Charles R. Van Hise)提出州立大学在培养人才和科学研究的基础之上,还要担当服务社会的职能,即众所周知的大学第三种职能,应该打破封闭的传统,为所在州的各位公民提供其所需的教育,积极促进所在地区的社会及经济发展②。“着力破除‘象牙塔’式的封闭型办学模式。教师和学生必须全面参与所在州的具体社会事务,校园只是教学场所中较小的部分,实际教学活动应在全州范围内全面展开”③。显然,这种提倡将大学的人才培养和教学活动与社会实践、社会责任、经济发展等联系在一起的思想,符合人本主义教育思想中,与强调真实的实践、教育环境氛围、教育以人为本的教育理念相一致。这种服务社会的功能要求也是研究型大学发扬人本主义精神的重要体现之一。

如今世界各国的著名研究型大学,在优势专业的基础上,又有深厚的人文和艺术学科底蕴,人本主义教育氛围浓厚。这正是世界名校吸引各国人才的根本。

---

① 刘宝存.美国研究型大学的产生与发展[J].高教探索,2005(1):24-26.

② 郎群秀.威斯康星思想对我国地方高校社会服务职能的启示[J].教育探索,2008(12):64-65.

③ 胡松,蔡昭权.威斯康星思想对我国地方本科高校转型发展的启示[J].教育理论与实践,2018(15):9.

3.1.2　人本主义与研究型大学创业教育

研究型大学在其发展历史上虽经历了数次变革，其核心与目标仍然是人才培养。研究型大学的创业教育的核心及目标也是培养具有创新和创业素养及能力的人才与领袖。创业时代培养具有创新思想和创业素养的人才是研究型大学发挥其社会服务功能的重要体现。研究型大学的创业教育坚持以人才的培养为目标，而不仅仅只为经济利益，这正是人本主义视角下教育以人为本的体现。这一理念对研究型大学的创业教育将继续发挥重要的指导作用。从1947年哈佛大学开设第一门创业课程开始到现在，研究型大学的创业教育已有60多年历史。这期间，研究型大学的创业教育发展经历了不同阶段。研究型大学因科研经费的需求，同时受"威斯康星思想"和埃茨科维茨的三螺旋理论等的影响及"杜拜法案"等法律法规的推动，研究型大学对国家及地区经济的推动作用越来越显著。1998年，美国伯顿·克拉克(Burton R. Clark)在其出版的《建立创业型大学：组织上转型的途径》一书中首次提出"创业型大学"的概念，着重从经济效益和科研成果转化角度考察研究型大学组织变革①。伯顿·克拉克的观点虽然得到国内外不少学者的认可和支持，却也受到许多质疑。例如，斯洛特(Slaughter)和莱斯利(Leslie)认为，创业型大学热衷的学术创业是对研究型大学目标的扭曲②。早在1972年美国的人本主义教育思想家代表之一——罗伯特·梅逊(Robert Mason)，曾对美国当时出于与别国竞争的目的而将教育立足于"国富民强这类眼前的标准"提出批评，认为教育不能如此短视③。克洛和达巴斯认为，大学除了创造知识和创新，还要培养"适应知识经济时代的学生"④。天津大学党委书记李家俊在谈到研究型大学的创新创业教育时，明确地表示：大学之所以被称之为大学，而不是单纯的研究机构，正是因为

① 杨兴林. 关于创业型大学的四个基本问题[J]. 高等教育研究，2012(12)：33-41.

② SLAUGHTER S, LESLIE L. Academic capitalism[M]. Baltimore: Johns Hopkins University Press, 1997.

③ MASON R E. 西方当代教育理论[M]. 陆有铨，译. 北京：文化教育出版社，1984：125.

④ CROW M, DABARS W. A new model for the American research university[J]. Issues in Science and Technology, 2015(3)：57.

它肩负了人才培养的任务①。

研究型大学创业教育的人才培养具有广博性，符合人本主义的全人教育思想。研究型大学的创业教育应该要以培养“国家栋梁”和“各界领袖”为目标，研究型大学培养的是“大家之材”②，因此，其创业教育内容应该是广博的，其教育目标应该是宏观而长远的。

研究型大学创业教育的课程设置是理工与人文、艺术兼收并蓄的。多年来美国研究型大学的创业教育实践一直“坚持通识教育的思想”，以2017年美国新闻周刊排名前七的研究型大学核心课程为列，涉及人文、社会和艺术学科的课程均占60%以上③。我国的清华大学和复旦大学也积极推进通识教育，以夯实学生创业能力的基础。研究型大学创业教育的课程设置不能只重视STEM(Science，Technology，Engineering & Mathematics)学科，创业课程也不是商科和各专业课的简单相加，研究型大学创业教育的课程设置应该是包括人文、社科和艺术等在内的综合课程体系，这样才更符合创业教育对创新与创造力培养的要求，也更符合研究型大学培养广博型人才的要求。

总之，不论从研究型大学创业教育的目标还是从内容来说，在理论与实践上，人本主义教育原则对研究型大学的创业教育都具有重要的指导意义，使研究型大学的创业教育不是一味以实用性、效益性为标准，而是将创业教育的目标和内容与更宏观层面的人才的全面发展与“自我实现”相联系。

3.2 人本主义教育视角下研究型大学创业教育模式

人本主义教育理论的基本思想体现在其对教育目标、学习者、课程内容与

① 王晓阳.天津大学校长李家俊：关于研究型大学创新创业教育工作的思考[EB/OL].http://education.news.cn/2015-10/22/c_128347528.htm.

② 曾伟龙，施一公.研究型大学从来不以就业为导向[EB/OL].http://paper.dxy.cn/article/86457.

③ 靳玉乐，廖婧茜.美国研究型大学拔尖创新人才培养的经验及启示[J].大学教育科学，2017(3):43-50.

方法及教育环境氛围等方面的阐述。综观人本主义教育理论研究文献及创业教育相关研究，本书从研究型大学创业教育目标、学习者、创业课程内容与方法、创业教育资源与环境等模块出发，分析人本主义视角下研究型大学创业教育模式。这四大模块的构建建立在人本主义教育理论及关于大学创业教育模型的研究成果基础之上，各模块的概念模型在人本主义教育理论框架下，构成了系统的研究型大学创业教育模式，其具体内容如图3.1所示。

从教育学角度出发，阿兰·法约列的创业教育5W模型列出了课程设置中的关键五个因素(谁学、为什么学、什么内容、什么方法及什么效果)，并且加入了对5W模型本体论层次的含义梳理①。阿兰·法约列的5W模型清晰呈现了创业课程系列中的课程目标学习者、课程目标、课程内容、课程教学方法、课程评估五个因素以及相互间的关系。该模型为创业教育界广泛接受，既可用于课程设置又可用于评估教学效果。虽然，马里兹和布朗于2013年在阿兰·法约列5W模型的基础上又加入了情境和效果两个部分②，然而这两个模块实际是原模型中目标学习者及评估等模块的延伸，其概念模型在整体上与前者是一致的。

本研究在阿兰·法约列5W模型的基础上，将研究着眼点扩展到整个大学层次的创业教育，将研究型大学创业教育按创业教育目标(为什么)、学习者(为谁)、课程内容与方法(教什么和怎么教)以及创业教育资源与环境等模块进行分析。同时，阿兰·法约列的5W模型也可用于对创业教育课程设置的分析。创业教育最终的目标是培养具有创新、创业精神和能力的人才，创业课程的内容则是以创业教育学习者的能力需求和培养为核心的，因此在本书所论的研究型创业教育模式中对课程的内容讨论引入了创业能力模型的因素。皮塔威和寇普提出将大学管理、组织文化、基础设施及科研技术的商业化等纳入创业教育环境模块③；在菲特斯的研究中将创业中心、学生社团、孵化器等归纳为创业

---

① FAYOLLE A, GAILLY B. From craft to science: teaching models and learning processes in entrepreneurship education[J]. Journal of European Industrial Training, 2008(7): 569-593.

② MARITZ A, BROWN C. Illuminating the black box of entrepreneurship education programs[J]. Education+Training, 2013(3):234-252.

③ LUKE P L, COPE J. Entrepreneurship education: a systematic review of the evidence [J]. International Small Business Journal, 2007(5):479-510.

教育资源[①]。综合已有研究文献成果，本书所论的研究型大学创业教育模式将教育环境氛围的分析分为创业教育资源分析与环境分析两大部分。教育资源不仅包括资金、基础设施等硬件资源，还包括师生关系、创业政策及创业教育实践等支持环境方面的内容。本书所论的研究型大学创业教育模式突出了创业教育学习者的中心地位，同时强调创业教育中教师、行政管理人员对学生的创业学习的支持作用，将相关内容纳入到创业学习的氛围中。因此，本书所论的研究型大学创业教育模式充分体现了以人本主义教育理论为指导思想和框架的特点。

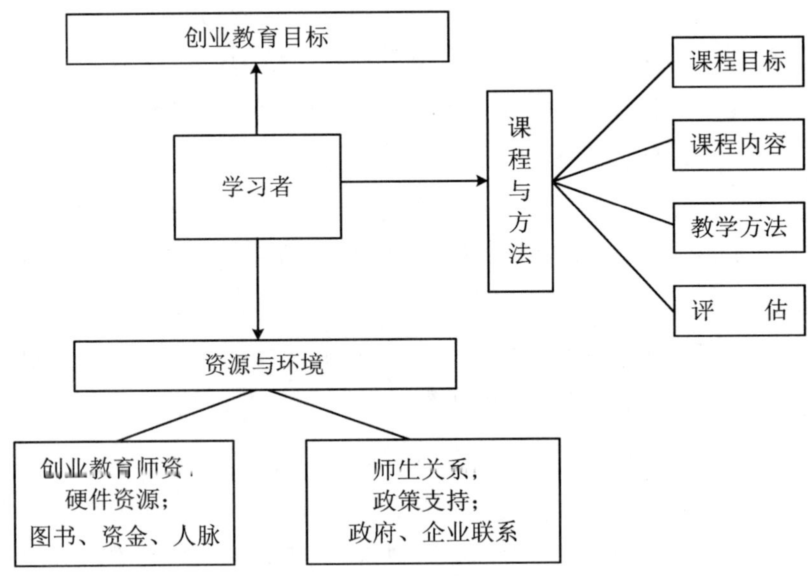

图 3.1　人本主义教育视角下研究型大学创业教育模式图

3.2.1　研究型大学创业教育模式中的创业教育目标

目前关于创业教育的总体目标是什么还没有统一定论。在创业教育兴起初期，创业教育一词似乎只与经济增长有关，创立新企业一直是传统创业教育的中心目标。很多创业教育模式研究中提到的现代创业教育目标变得更广泛。

① FETTERS M，GREENE P G，RICE M. The development of university-based entrepreneurship ecosystems：global practices[M]. Cheltenham：Edward Elgar，2010.

在分析人本主义视角下的研究型大学创业教育应该是怎样的模式时，第一个要明确的问题是研究型大学创业教育的目标是什么？罗杰斯认为“学习原本有三种不同类型的目标：行为、情感和技能……但在实践中，绝大多数目标都只定位在行为和事实的识记水平上。更高水平的目标——情感的或心理运动的目标，很少纳入到老师的课堂教学中”①。在人本主义教育理论视角下，教育的最终目的是人的发展和成长即学习者的自我实现。除了教授他们如何学习，即授之以渔，而不是授之以鱼，教育的目标应该是培养学习者学习的愿望，以及学习带给他们的快乐感受。罗杰斯指出，事实上从20世纪50年代起学校所教授的大部分内容都是围绕行为目标而确定的。在很长时期内研究型大学的创业教育也是围绕行为目标进行的。

研究型大学的创业教育总体目标首先是促进学习者在创业意识和能力等方面的发展和成长。人本主义视角下研究型大学创业教育目标是围绕人才培养确定的，即人本主义教育理论中的“自我实现”，不完全等同于创业教育课程的行为目标。与大学对整体创业教育的经济效益目标不同，这一目标以创业教育学习者自身潜能和素质的提升为标准。研究型大学依据学生对创业相关知识和能力的需求，开设课程、实施教学并搭建实践平台，以培养学生的创业能力和素养。这一目标定位突出了人本主义视角下创业教育的人才培养宗旨，避免研究型大学创业教育出现急功近利、偏离培养人才根本职责的现象。在这一目标指引下，创业教育不是大学获得经费、提高声誉和排名的手段，更不是跟风办学的游戏。为发展创业教育，我国一些学者提出以举办创业大赛为基础发展创业教育的观点②，而从目前来看，我国很多高校的创业大赛在培养学生创业能力方面并没有显现预期的效果③。很多学生对参加创业大赛并没有真正的创意和兴趣，而只是为了完成院系或老师交代的任务，在这种情况下，学校设定的目标并没有以学生的兴趣与需求为中心，因而达不到提升学生创业潜能和素养的作用。

---

① 卡尔·罗杰斯，杰罗姆·弗赖伯格. 自由学习[M]. 王烨晖，译. 北京：人民邮电出版社，2015：193-194.

② 徐桂华. 以创业计划大赛为基础发展高校创业教育[J]. 江苏高教，2011(1)：116-117.
周勇，杨文燮. 构建以创业计划竞赛为中心的高校创业教育体系何以可能[J]. 黑龙江高教研究，2015(2)：86-90.

③ 张志达. 高校创业大赛低效，原因何在？[J]. 教育与职业，2014(31)：89-89.

其次，在全球知识经济时代，培养大学生回报社会的企业家精神是研究型大学创业教育的必要要求①，而现在研究型大学创业教育中的企业家精神不仅与创办企业和财税收入有关，还与社会效益有关。社会公益创业(social entrepreneurship)也成为研究型大学创业教育的有机组成部分。例如斯坦福大学的商学院有很多社会公益创业课程，在斯坦福大学谈论社会公益创业与谈论科技创新和创立企业(盈利性)一样自然。因此，除了培养创业人才和创造经济效益，担当社会责任及培养有社会责任的人才是研究型大学创业教育的另一层面重要目标，而这一目标与创业教育的长期效果更密切相关②。

除了宏观创业教育目标之外，人本主义教育视角下的创业教育课程教学目标也是围绕学习者对相关创业能力的需求为中心来设计的。创业教育课程目标基于学习者创业能力，而不是以学科或课程为中心。从 20 世纪 80 年代开始，研究型大学中的创业教育课程开始以学生的学习目标为中心设计创业课程。卡尔瓦斯帕和麦克穆兰的调查显示，在创业课程学习中，以研究型大学中创业教育学习者即大学生为例，学生对创业课程学习所持目标呈现出几大类型：美国每年 65 000 名 MBA 学生中大约有 10%至 25%的学生参加了至少一门创业课程的学习。据调查，其中比例最大的第一类学生学习创业课程的目标是毕业后或早或迟成为自主经营者。第二大类学生对创业是否适合他们不太确定，他们想多学习一些创业知识，为将来可能从事的创业做准备。第三类学生纯粹对创业课程感兴趣，或者听说这门课有趣，或者他们需要学分而这门课程的时间刚好合适③。对学生的学习目标与诉求进行的调查研究表明，研究型大学创业教育课程设置已逐渐从以课程目标为中心转向以学生为中心。20 世纪 90 年代，大学创业教育的课程目标在注重学生创业知识和技能培养的同时，已开始关注培养学生对创业的态度及情感等素养。例如，激发学生创业动力与才能、培养学生对事物变化的积极态度以及对学生新创企业进行鼓励等教学目标。大学对创业教育课程的教学目标设置发生的变化，正反映了人本主义教育

① GOLDSTEIN T. Engines of innovation: the entrepreneurial university in the twenty-first century[M]. Chapel Hill: The University of North Carolina Press, 2010.

② NASR K B, BOUJELBENE Y. Assessing the impact of entrepreneurship education[J]. Procedia-Social and Behavioral Sciences, 2014(109): 712-715.

③ RONSTADT R, VESPER K H, MCMULLAN W E. Entrepreneurship: today courses, tomorrow degrees? [J]. Entrepreneurship Theory and Practice, 1988(1): 7-13.

视角在创业课程目标设计中的重要意义。

在之前的创业教育模式研究中，如法约列的 5W 模型以及马里兹和布朗的模型都将课程教学目标或通过技术转让促进经济收益作为创业教育总体目标来论述。本模型中研究型大学的创业教育目标不仅包括创业教育课程目标，还包括更宏观的大学创业教育目标的讨论。研究型大学的创业教育课程教学目标因学习者不同的创业教育需求而变化，最终目的是让学习者拥有创新创业的意识、素质和能力，而不是掌握某些课程的大纲和知识。这是人本主义教育课程理论的重要特点，不同于以课程和学科目标为中心的结构主义课程理论。在人本主义视角下创办企业只是研究型大学创业教育人才培养的内容之一，而不是其最终目的。我国很多学者认为，中国的创业教育目标应该是学生素质教育与能力培养的结合，最终目标是培养具有创新精神的人才①。可见，中国研究型大学创业教育的目标定位强调的仍然是培养受教育者的素质和能力，而不仅仅是创造经济价值。

3.2.2　研究型大学创业教育模式中的学习者

在人本主义教育理论视角下，构成创业教育概念模型的要素中最核心的是创业教育学习者。从这一要素的视角出发，考察创业教育为了什么目标、为什么人、教什么、怎么教等问题。人本主义教育理论的核心思想建立在其对处于教育环境中的人的认识的基础之上。

在人本主义教育视角下，学习者是自由追求自我发展的个体。马斯洛的需求金字塔模型诠释了人有如下需求：生理、安全、归属、自我评估和自我实现。个体的人为了满足不同层次的需求，他们会激励自己去学习，直到达到下一个更高的层级。马斯洛和罗杰斯都强调人的选择和成长的能力，人具有自由意志，并不是被动而机械地对周围环境做出反应。他们通过目标导向的行动向着满足他们自我实现的需求发展，虽然绝对“自我实现”或“功能完善的人”是不存在的，只存在不断接近这个终点的人。根据罗杰斯的观点“功能完善的人”具有

① 钱强. 当前高校创业教育的问题与对策探究[J]. 中国高教研究，2005(8)：92-93.
曹威麟，李德才. 中国高校的创业教育[J]. 现代教育科学，2002(3)：11-13.

以下一些特点：

(1)“功能完善的人”是具有创造力的人。学习者对生活与外部环境的开放性促进他们创造力的养成，他们也是最能适应变幻的环境条件的人。

(2)“功能完善的人”是可信任的人。当个体在没有威胁的恐惧和戒备心理的状态下时，他们对其自身、周围环境及社会的需求持开放的态度，他们的反应是积极的与可信赖的。

(3)“功能完善的人”是自信和自立的人。虽然在新环境中他们无法预测自己的行为，但是他们依靠自己，有信心展现适当的行为。

(4)“功能完善的人”是自由的人。这种自由是内在的。他们自由选择自己的行为方式，不受外部因素的控制和他人的影响①。罗杰斯认为，这里所说的自由是内在的和主观的，拥有这种自由的人与行为主义者所描述的人截然不同②。

这种自由鼓励个体有勇气迈进自己选择的位置天地；这种自由就是发现个体自身内在的意义，意义来自于敞开心扉仔细倾听自己内心的复杂感受；这种自由就是用于对自己做出的选择承担责任；这种自由就是人们在生活过程中不断地重新认识自我，每个人都是一个过程而不是最终产物。

其次，学习者是有理智同时也具有复杂情感需求的人，他们的学习行为与他们内在的感受和对自我的评价相联系。他们是认知学习与情感学习行为的统一体。人本主义教育视角下的学习者不仅仅需要逻辑严密的、结构化的认知知识，还需要与直觉和情感相关的知识与学习，这便是人本主义教育理论中的“全人”的学习。而在学校教育中，学习者在直觉与情感相关方面的成长一直以来没有得到应有的重视。研究型大学的创业教育学习者应该成为具有敏锐观察力、理解力、创造力和解决新问题的变通能力的个体，而不应该是毫无创新力的陈旧知识、机械原理的被动接受者。

鉴于对人本主义教育视角下学习者特质的认识，在构建研究型大学创业教育模式过程中，有必要对研究型大学创业教育的学习者群体进行分析，以便更好地掌握学习者对创业教育的具体需求。目前研究型大学因其综合性的特点，

---

① PATTERSON C H. Foundations for a theory of instruction and educational psychology [M]. New York: Harper & Row, 1977.

② 卡尔·罗杰斯，杰罗姆·弗赖伯格. 自由学习[M]. 王烨晖，译. 北京：人民邮电出版社，2015:304.

其创业教育学习者群体也日趋复杂。从商学院学生到理工学院学生、从本科生到研究生，甚至还包括教师。而研究型大学针对不同年级的学生，设计有不同的创业教育课程。事实上，除了在校大学生，现在很多研究型大学的创业教育针对的群体还包括工人、银行家、律师、政府官员、会计师等各种职业的成人。盖瑞·拉比亚(Gary Rabbior)认为，创业教育应该针对所有年轻人①。如今，研究型大学的创业教育已通过各种形式开始从大学扩展到中小学甚至幼儿园。在这种形势下，研究型大学创业教育模式研究不可回避对其学习者群体的深入研究分析。目前，对创业教育不同"客户"群体的需求仍缺乏足够的关注，高校的创业教育主要集中于商学院的学生，这不利于大学的创业教育在全校更广泛范围的发展。一些学者认为，对学习者缺乏细分可能导致所授课程没有效果②。

从人本主义教育理论视角出发，研究型大学创业教育模式基于学习者对创业教育的需求设置创业教育课程目标、内容、教学方法、评估方式。该模式吸收马里兹和布朗模型提出的情境因素的观点③，将其中学习者的教育背景、职业等因素加入学习者模块的分析中，依据研究型大学中多元的学习者群体进行分类分析。学习者的经验、背景、能力、兴趣与需求成为焦点。事实上，目前美国的大学开设的创业教育课程都是因不同的学习群体而分类的。针对特定群体的创业教育项目越来越多，如青年创业和女性创业等。哈佛大学将创业教育学习者细分为全日制本科生、全日制MBA学生、全日制博士生和开放高管生，同时学校对每一届学生按性别、种族、国别、年龄等人口统计特征以及学生的年级、学历背景和专业背景进行分类分析，并以此为依据设置课程。一些大学甚至开设有针对高中生的创业项目。

① RABBIOR G. Elements of a successful entrepreneurship/economics/education program [M]// KENT C A. Entrepreneurship education: current developments, future directions. Westport: Quorum Books,1990.

② HARKEMA S, SCHOUT H. Incorporating student-centred learning in innovation and entrepreneurship education[J]. European Journal of Education, 2008(4):513-526.

③ MARITZ A, BROWN C. Illuminating the black box of entrepreneurship education programs[J]. Education+Training,2013(3):234-252.

3.2.3 研究型大学创业教育模式中的课程内容与方法

创业教育“教什么”和“怎么教”属于教育内容与方法问题，其最重要的实现途径是创业课程。人本主义教育的教学观在“教”与“学”之间更关注的是学生如何学的问题。学会如何学习以及享受学习过程是人本主义教育中两个最重要的因素[①]。大学生的创业知识不足，他们还没准备好去迎接风险，实现他们的创业梦想，研究型大学的创业教育能积极影响学生的创业意愿，帮助学生为他们的创业行动做准备。人本主义教育理论视角下的创业教育内容与方法关注的是受教育者的个人发展及其好奇心与创造力的培养。本研究模型突出了创业教育课程设置和内容以学习者需求为中心的特点。采用法约列 5W 创业教育模型中教学层面的内容，并以学习者所需的创业能力为核心设置课程内容，将创业教育课程设置、课程内容、教学方法和评估纳入一个模块，以探析人本主义教育视角下研究型大学创业教育“教什么”和“怎么教”的问题。

1. 课程设置思想与模式

在美国，对创业课程及其设置的研究在创业教育研究中具有核心地位，且相关研究成果颇多。其中关于创业课程设置模式的研究是核心中的核心。瓦斯帕很早就开始对大学创业教育课程进行研究。但是彼时的创业教育课程一般都是指单门课程。进入 21 世纪后，创业教育的课程已发展成为一系列不同的课程项目。创业教育课程设置内容也经历了不断变化和发展的过程。传统的创业教育课程主要有会计、金融、决策及营销等。当今的商务环境已经不同于以往，这类传统的商务学院的课程被认为已不能满足如今新环境的需求，这些课程高度结构化，缺乏创造力，很少提出需要新奇的解决办法来解决的问题，因此无法帮助学生应对复杂的商务问题。

---

① MANNING D. Toward a humanistic curriculum[M]. New York：Harper and Row，1971.

(1) 以学生为中心的课程设置思想

为了更科学地设置创业教育课程，最重要的是转变课程设置思维，从以课程、学科及教师中心转变为以学生为中心。人本主义教育视角下研究型大学创业教育的课程，在设置思想上以学生的需求为中心，甚至为其量身设计。现代的研究型大学依据不同的学习者群体及其不同学习风格、吸收知识和运用技能的不同方式而确定不同课程内容，甚至让学生来设计创业课程。例如斯坦福大学工程学院的创业课程允许对现有专业不满的学生自己设立一个专业，如果能说服老师批准，他们就能因此获得相应学位。同时，研究型大学创业教育课程设置越来越体现出多层次、多元化、综合性和交叉性等特点。其设置体现了人本主义课程论的思想，即以一种基于全面的、交叉学科特色的课程设置达到学生全面和充分的发展。创业课程从一门课程发展到包括选修课在内的系列课程，从当初的商学院发展到其他院系，学位层次从本科发展到博士①。

(2) 以创业能力为核心的创业课程内容

创业课程不仅仅限于商务、科技等学科，还涉及人文、艺术类学科。人本主义教育视角下研究型大学的创业教育课程设计，在内容和培养目标上以学生所需的创业能力的培养为核心。在教育学中，课程在人才培养中具有核心地位。创业教育高度重视实践，培养学生创立或管理企业的能力与素养是其重要目标。创业课程作为创业教育的重要组成部分，在创业人才培养中承担着主要的任务。目前，总体上来说，创业课程对创业人才的能力培养作用是显著的，据有关调查研究，创业教育及相关课程学习经历对提升学习者个人创业能力和综合素质，以及提高其所供职企业的经济效益都有显著影响。创业教育课程对培养学习者的创业相关能力发挥了积极的作用，因此，大学也纷纷设立创业项目及课程以教授学生创业能力。然而，创业课程对学生创业能力的培养作用还没有充分发挥。在我国，创业教育的课程与学生创业能力的培养在很多情况下是脱节的。

现代教育的中心已经从知识传授转向能力获得，现代教育越来越以学习者为中心、以能力为基础。在欧美等发达国家，创业课程设置中对创业能力的培养越来越重视。技能培养是创业课程的目标、内容与评估的主要部分。创业课

① MORRIS M H. KURATKO D F, CORNWALL J R. Entrepreneurship programs and the modern university[M]. Cheltenham: Edward Elgar Publishing Ltd. ,2013.

程设置已显现出重视培养一般商业活动所需能力的倾向。创业课程的设置应以培养学生的创业能力为核心,围绕这一核心,搭建联通创业课程与创业能力之间的桥梁,创业教育及课程才能培养出真正合格的、有创业能力和素养的创业型人才。

乔治·所罗门(George Solomon)根据广泛调查研究,以2004～2005学年为例,列出了12门最受学生欢迎的课程,其中位列前三名的是:创业学、小企业管理和新企业创立①。然而,除了与创业和管理直接相关的课程,如微观财经、经济发展、小企业管理、企业融资、创业战略、谈判技巧与领导力等之外,多学科背景的课程,如社会学的本土企业管理和工程学的高科技创业等交叉学科课程也是创业教育课程体系必要的组成部分。美国的研究型大学普遍开设了大量的交叉课程,如马里兰大学的创新创业学院开设了141门交叉课程。另外,目前世界知名的研究型大学中人文社科课程在创业教育中占有越来越重要的地位,事实上它们的重要性也越来越得到实践与理论上的认可。学生在毕业时不仅需要理工科知识,还需要政治、哲学、历史和整个世界的知识。研究型大学的学习者将要成为一个团队、一个企业甚至一个国家的领袖,就必须要有这些知识储备。

① 创业能力模型

能力一词英文为“competency”或“competence”,与胜任力属于同义词。关于其定义多种多样。巴特曼(Baartman)等总结道:“在大多数对能力的描述中有一个共同的概念,即能力是由知识、技能和态度等相关模块组成,这些模块能用来有效地解决问题。”②从20世纪70年代开始,美国劳工部制定的能力模型就已运用于员工招聘、教育与培训。这一模型中的各元素,与胜任力相关研究文献的内容一致。罗斯威尔(Rothwell)认为所有工作人员都需具有一些核心能力,包括知识、技术、能力和软技能。在不同职业情境下,这些核心能力是相似的③。能力模型不仅能用于指导个体的职业发展,也适用于指导教育工作者

① SOLOMON G. An examination of entrepreneurship education in the United States[J]. Journal of Small Business and Enterprise Development,2007(2):168-182.

② BAARTMAN L K J, BASTIAENS T J, KIRSCHNER P A, et al. Vleutend evaluating assessment quality in competence-based education: a qualitative comparison of two frameworks[J]. Educational Research Review, 2007(2):114-129.

③ ROTHWELL W J. The workplace learner: how to align training initiatives with individual learning competencies[J]. Adjustment, 2002(2):523-525.

和培训师开发课程以满足雇主对员工能力的要求。

2008年,美国劳工部颁布创业能力模型(Entrepreneurship Competency Model),如图3.2所示。按金字塔形分布,从最底层的基础能力层次到企业相关能力层次再到职业相关特别能力层次,共分三个层次九个级别。第1至3级是基础能力层次,包括个人素养能力、学术能力和工作场所一般能力。第4至5级是创业胜任力层次,包括创业技术能力和创业专业领域能力。第6至9级是职业相关特别能力层次,也是最高层次,包括职业相关特别知识领域、特别技术能力、特别要求和管理能力。其中职业相关特别能力层次,常用作基于能力的课程设置标准。创业能力模型在创业课程和企业对学生实际能力要求之间,发挥了桥梁作用,从而使创业教育的理论与实践能紧密结合社会对创业人才的具体需求。创业能力模型已经在美国各级各类学校广泛使用,成为指导具体创业课程内容设计和开发的准绳。

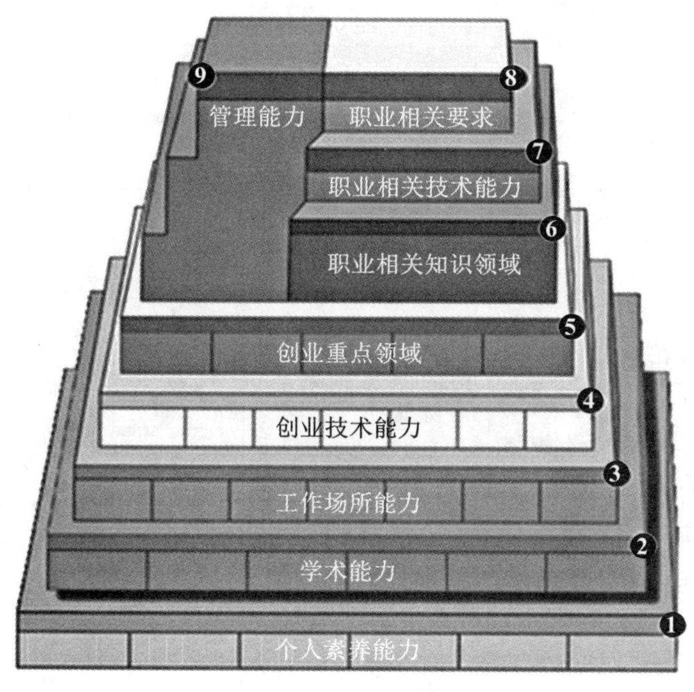

图3.2 创业能力模型

资料来源:https://www.careeronestop.org/competencymodel/competency-models/entrepreneurship.aspx.

目前,很多研究型大学如哈佛大学、斯坦福大学的创业教育课程基本都符合该模型的能力层次划分。这些研究型大学创业教育课程以其广博的通识教育课程为基础，然后设置提升学生与创业相关的知识水平和技能的课程，再进一步发展与行业创业相关的专业技能及创业管理能力。这种金字塔形的创业能力模型用于研究型大学创业课程设置，更好地体现了以学生为中心、以学生的能力成长为中心的人本主义理念，并且这些课程将学生的创业知识和技能学习与其生活和相关实践相结合，例如创业教育中广泛使用的案例教学法，强调学生在真实的实践环境中学习，而不是将创业课程的学习与生活和实践环境割裂开来，这也正是人本主义教育观的体现。综观中美两国研究型大学情况，相关创业课程及创业能力模型中的能力类型匹配情况，简要概括如表 3.1 所示。

表 3.1　创业能力类型与课程匹配情况表

创业能力层次	一			二		三	
	基础能力层次			创业胜任力层次		行业相关具体能力层次	
能力类型	个人素养	学术能力	工作场所能力	创业技术能力	创业专业领域能力	行业相关知识和技能	管理能力
课程名称	内在动机、道德修养、人际交往技能等通识课程	语言课程、数学课程、批判性思维课程	创造性思维课程、决策课程、电脑技能课程	创新与创造课程、商务计划和营销课程、财经管理课程、资金募集课程	青年创业课程、中小企业发展课程、社会创业课程、高科技企业创业课程	行业具体知识课程（工程学、生物学、经济学领域知识）、工程学、体育、媒体等行业创业课程	普通管理课程、创业管理课程、组织领导力课程、战略管理课程

② 创业课程设置概念模型

法约列的 5W 模型列出了课程设置中的关键 5W 因素（谁学、为什么学、什么内容、什么方法和什么效果)，这个模型也是创业教育研究中认可度较高的一个模型。为保证创业课程与创业能力培养的紧密联系，在创业课程设置过程中，课程目标、课程内容和教学方法及评估的设计均以培养学生的创业能力为中心，确定各模块内容。首先对目标学习者进行分析，以便根据不同目标学习者的不同创业领域技能需求设置课程。课程内容均围绕目标学习者不同的创业领域技能需求，如家族企业、社会创业、科技创业等。在教学中采用的方法，尤其是案例教学和实践课包括实习等直接与所培养的创业能力相关。创业教育评估的标准是学习者的能力培养是否达到预期。不论是学校、教师还是学生自己进行的评估都以这个能力培养标准为核心。

(3) 人本主义创业课程设置概念模型

创业教育是一门特别需要理论联系实践的课程，因此其课程设置需要将两者紧密结合起来。人本主义创业课程设置概念模型，融合了法约列5W(谁学、为什么学、什么内容、什么方法及什么效果)课程设置模型及创业能力模型的元素，同时突出了学习者在创业课程设置中的核心位置，具体如图3.3所示。众所周知，理论框架与模型是沟通理论与实践的桥梁。创业能力模型及创业课程设置概念模型为创业课程与能力培养的融合提供了理论依据，使创业课程设置以能力为核心成为可能。法约列提出的创业教育课程设置模型得到创业教育界的广泛认同。在这一框架下，创业课程的各个模块以培养学生的创业能力为

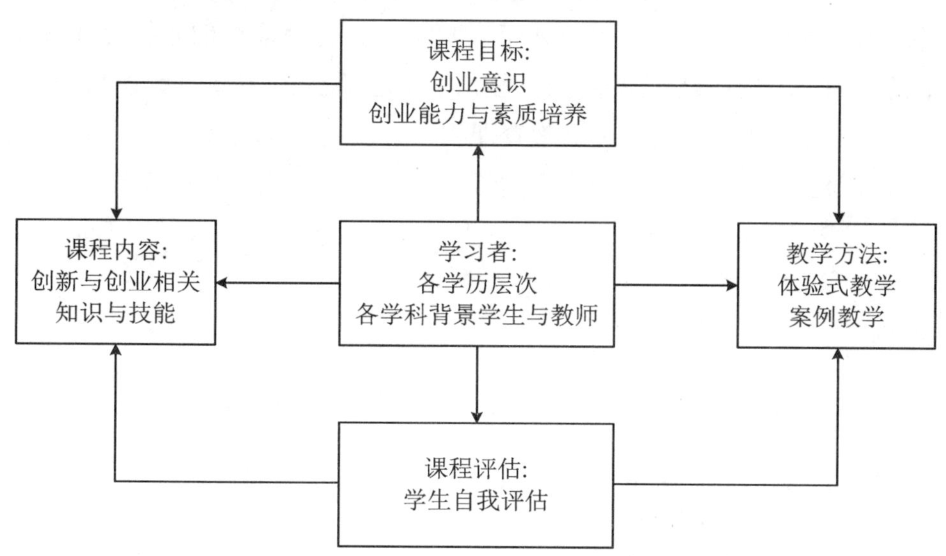

图3.3　人本主义教育视角下大学创业课程设置概念模型图

核心，融入创业能力模型中的各相关因素。针对不同目标学习者，设计相应的课程目标、课程内容、教学方法及评估方式。尤其是在课程目标和课程内容的设计中贯穿了创业能力模型中第1级至第9级中各层次能力培养。两个概念模型的结合，很好地体现了人本主义课程设置以学生为中心、以其能力培养为核心的思想。

人本主义教育家罗杰斯认为，学校应该为学生提供广博的教育资源，学校的教育应该是“全人教育”。它指出“现代教育的悲哀之处是只重视认知的学习”①。研究型大学的创业教育应该纳入全人教育的体系，创业教育的过程既是学习者学术、认知知识等方面的成长过程，又是其情感、心理、身体、社交等素养方面的成长过程②。研究型大学的创业教育课程既要包括有关创业知识和能力培养的课程，又要包括与其情感、社交以及对社会的关注等方面相关的课程。另外，研究型大学的创业教育课程在内容上还应体现对学习者关心社会与他人的情感培养，目前研究型大学开设的创业教育课程发展迅速。据相关研究，2008年全世界开设社会创业课程的高校总共只有35所，其中以美国高校居多，但是也只有30所；而到了2011年，开设社会创业课程的美国高校数量迅速上升到148所③。在开设社会创业课程的美国大学中，很多都是享誉世界的名校，如哈佛大学、哥伦比亚大学、斯坦福大学、加州大学伯克利分校等。

总之，人本主义教育理论对研究型大学创业教育课程设置具有指导意义。一些著名研究型大学的实例也反映了人本主义教育理论在创业教育课程设置方面的应用。不论在设置思想上还是在内容上，在人本主义教育视角下，以学生为中心和以能力为核心的创业教育课程设置模式，都具有建设性的理论意义和实践价值。

---

① 卡尔·罗杰斯，杰罗姆·弗赖伯格. 自由学习[M]. 王烨晖，译. 北京：人民邮电出版社，2015：185.

② ROGERS C R. Freedom to learn：a view of what education might become[M]. Columbus：Charles Merill，1969.
DECARVALHO R. The humanistic paradigm in education[J]. The Humanistic Psychologist，1991(1)，88-104.

③ 徐小洲，倪好. 社会创业教育：哈佛大学的经验与启示[J]. 教育研究，2016(1)：143-149.

2. 教育教学方法

在人本主义教育视角下，教学的目的是促进学生的学习。创业教育教学方法经历了不断变化的过程。

首先，研究型大学创业教育的课程教学方法是以学生为中心的人本主义范式。根据人本主义心理学，教育要承认个体之间的差异，反映出他们特定的需求，允许学生作为个体去充分发展。研究者们对如何教创业课程进行了反思，并且从如何教转而关注如何学习创业课程。他们建议创业课程采用自主学习的灵活方式，充分发挥学习者的主动性和创造性[①]。法约列也认为创业教育应该从注重教师教什么转变为注重学习者做什么[②]，创业教育教学范式从结构主义的以教师为中心的教授转变到人本主义的以学生为中心的学习。这种教育教学方法的转变不仅局限于课程教学方面，还反映在全校范围的创业教育目标、评估、实践过程即氛围营造等方面。

其次，研究型大学创业教育教学方法应该是基于能力的体验式学习。人本主义教育视角下的学习有两种形式："无意义的音节学习"和"有意义的经验学习"[③]。显然人本主义教育理论强调教学活动应该是与实践相联系的"有意义的学习"，即注重经验与体验的学习方式，罗杰斯称之为"自主学习"或"自由学习"。目前传统的以授课为主的创业教育方法被"动态的""混合式的、网上翻转方法"所代替[④]。传统的被动教学方法注重知识传授，现在已被基于能力的、主

① LEVIE J. Enterprising education in higher education in england[M]. London: Department for Education and Employment, 1999:40.

② FAYOLLE A, KLANDT H. International entrepreneurship education: issues and newness[M]. Cheltenham: Edward Elgar Publishing Ltd., 2006.

③ 卡尔·罗杰斯，杰罗姆·弗赖伯格. 自由学习[M]. 王烨晖，译. 北京：人民邮电出版社，2015:41.

④ MARITZ A, KOCH A, SCHMIDT M. The role of entrepreneurship education programs in national systems of entrepreneurship and entrepreneurship ecosystems[J]. International Journal of Organizational Innovation, 2016(4):21.

动的、体验式和行动式学习方法所替代①。典型的体验式学习手段有商业计划、案例研究及实习等。随着创业教育教学范式的改变，创业教育的场所也从教室和校园扩展到真正的商务场所，创业教育的师资也有所改变。在创业教育课程教学中学校邀请企业家作为创业模范参与教学，给学生作报告，开展校园访谈，为学生提供实习机会等。这些也是教育方法革新的一种表现，其目的是为学生提供更真实的体验式教学。

在人本主义教育视角下创业教育教学方法一方面基于创业能力培养，另一方面注重学习者的学习体验和回报社会等的情感塑造。情感与认知可以成为教育过程中相互作用、相互促进的一对因素。在人本主义教育视角下，创业教育方法从重视单纯的认知知识的学习，转变为承认情感和动机在学习过程中的重要性。注重学习者的情感因素在学习过程中的作用和影响，促使学生的积极情感因素对认知学习过程产生正向作用。人本主义教育视角下的创业教育注重体验式教学方法，重视教学过程中学生的体验和感受正是这一原理的体现，是对过度强调认知教学理论的修正。

最后，人本主义教育视角下的创业教育教学方法将学生的学习融入生活。在创业教育过程中，让学生体验如何像企业家、创业者一样工作与生活，是一种有效的教学方法。生活是所有学习的发源地，在生活中形成的学习社区才会促进有效学习的产生，正如一个婴儿碰到热乎乎的暖气片，他以后便知道要避开这些有潜在危险的东西②。美国马里兰大学在 2015 年启动了一项特别的创业教育项目，其名称是“生活与学习项目”(Living and Learning Program)。这一项目设计反映了人本主义教育理论的学习与生活融合的理念(参见附录 4 中笔者在马里兰大学的访谈记录)。该模式下的教育教学方法详细内容如图 3.4 所示。

3. 教育教学评估

教育评估一词的含义和分类层次丰富而多样。从大学教育方面上分为学

---

① LANS T, HULSINK W. Entrepreneurship education and training in a small business context: insights from the competence-based approach[J]. Journal of Enterprising Culture, 2008(4):363-383.

② 卡尔·罗杰斯，杰罗姆·弗赖伯格. 自由学习[M]. 王烨晖，译. 北京：人民邮电出版社，2015.

校层面、学院层面、系部层面、专业与课程层面以及教师与学生层面；从功能上分为诊断性评估、形成性评估和总结性评估；在形式上可分为外部评估与内部评估。教育评估是高等教育中教育教学实践的重要组成部分，是教学总体质量体系中的核心因素，是贯穿整个教育过程的有机成分。

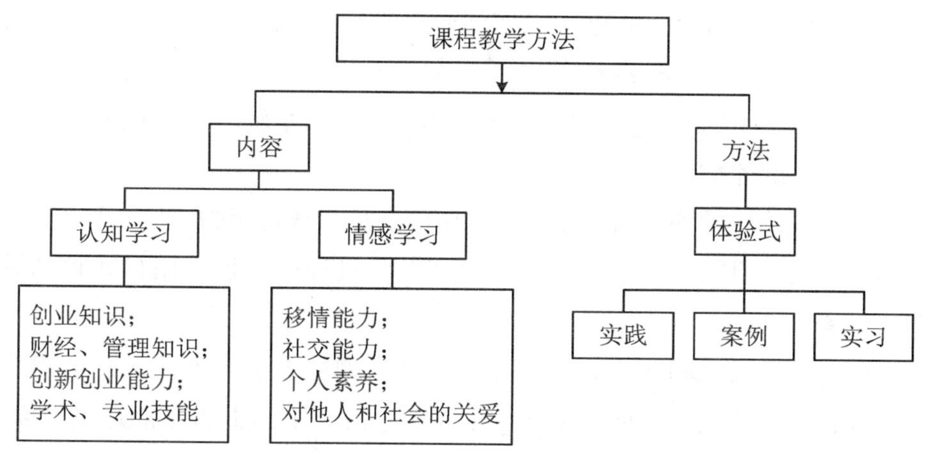

图3.4　人本主义教育视角下大学创业课程教学方法概念模型图

创业教育的蓬勃发展离不开创业教育评估的引导、监测与保障。我国学者李志敏和王连森认为，创业教育评估是指各级教育部门、高校自身或者经过教育行政部门认可的社会组织，对高校创业教育的水平、质量、条件等方面进行综合的考核和评定①。

创业教育评估在我国经常与质量保障相联系。然而，创业教育评估目前面临一些问题。首先，创业教育研究似乎主要关注专业设置而非评估，这是创业教育研究中的空白之一。评估实践最关注的是专业、课程及测量工具的开发而非学生个体。创业教育评估对学生个体的表现、资质和态度缺乏应有的关注。这样的评估研究及实践现状背离了教育评估的本意，即教育评估是为了促进学生的学习与发展的目标，从而系统地收集、整理和使用相关信息。其次，创业教育评估缺乏一种全面的视角。创业教育评估体系的主体多元化不够。创业教育评估有偏重外部认证而轻视内部质量保障的趋势。瓦斯帕和加特纳(Gartner)提出18条创业教育评估标准，其中前6条如下：开设课程名称及数量、教

① 李志敏，王连森. 研究型大学创业教育的定位与评估[J]. 创新与创业教育，2013(3)：25-26.

师发表文章数量、社区影响力、毕业生成就、创新、毕业生新创企业①。这些评估标准主要与学校声誉有关，以此用来决定大学排名。与此同时期的美国，出现了各种媒体或商业机构对各大学创业教育的评估，其评估标准与上述瓦斯帕的研究相似，都主要是基于大学实力和影响的排名标准，如美国的《商业周刊》和《普林斯顿评论》等每年年度的最佳创业专业与院校排名。另外，因为教育的产出与评估之间的联系非常紧密，教育评估会影响学生的学习行为与经历。创业教育评估对学生的产出（student outcome）缺乏明确衡量标准，因而没有形成以学生为中心的评估框架。

创业教育的教学评估与教学目标、内容和方法密切相关，并且评价过程是困难而复杂的。研究型大学的创业教育在教学过程中应该采用自我评估的方式取代过去的书面考试。

对创业教育效果和影响的具体评估标准和测量方法因不同的创业教育内容及利益相关者设立的目标而不同。创业教育的效果和影响通常是多层面的，而且有些不可能在教育培训之后马上显现出来。虽然微观视角如特质理论和社会认知理论通常被用于衡量个体层面的创业教育效果，但是仍然缺少系统的创业教育评估视角以进行宏观层面上的分析。况且，再微观的创业教育课程教学也具有宏观层面的意义，并且包含超越经济因素的目标。

要解决研究型大学创业教育评估面临的这些问题，最关键的是将创业教育评估回归教育的根本，用大学的内部评估取代外部机构的评估，在评估主体中引入各利益相关者的基础上，以学生为中心，实行多层次评估与学生的自我评估相结合，才能对大学的创业教育水平与质量、专业、课程设置等进行综合而全面的评估，本模式下的大学创业教育教学评估主要内容如图 3.5 所示。

首先，学生个体层面的自评包括对学习的过程与效果的自我评估。人本主义教育认为，不论是学生、教师还是管理者，都应该提倡来自内部的自我评估。然而事实上，很多价值评估是从“对我们重要的他人或团体那里内化而来的”，并不是真正意义上的自我评估。对学习者来说，对学习结果进行自我评估，是自主学习成为负责任学习的一种重要方法。当个体不得不承担责任来决定哪些标准重要，哪些目标必须要实现，以及他要在多大程度上实现这一目标时，他

---

① VESPER K H, GARTNER W B. Measuring progress in entrepreneurship education [J]. Journal of Business Venturing, 1997(4): 403-421.

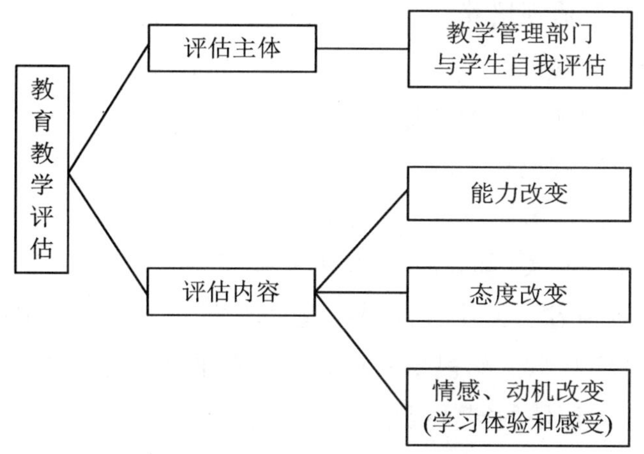

图3.5 人本主义教育视角下大学创业教育教学评估概念模型图

才算真正地学会对自己和自己的学习结果负责。一定程度的自我评估应当纳入旨在促进体验式学习的意图之中①。

人本主义教育的课程教学提倡学生在有意义的学习过程中进行自我评估，反对外部评价。人本主义教育认为测试分数只能促使学生为分数而学习，而不是为内在的成就感去学习，这是与有意义的学习相反的，并且测试并不能为教师提供充足的教学反馈。

其次，在学校、专业和课程教育教学层面开展的评估都应以学生的学习体验、感受和效果为中心，以此来设计评估标准和测量工具，而不应该将评估标准作为排名的指标。创业教育评估实践应该建立在了解学生如何学习的基础之上，即了解他们学什么和如何学的问题。皮塔威等人提出了8条评估标准，这些评估标准以学生的创业能力与意识培养为中心，涵盖学生在行为、移情作用、价值观、动机、意识、能力、创立企业知识及公共关系管理能力等方面的改变②。具体有如下8条内容：

① 创业行为、态度和技能发展；

② 对创业者真实创业生活的理解与感受；

---

① 卡尔·罗杰斯，杰罗姆·弗赖伯格.自由学习[M].王烨晖，译.北京：人民邮电出版社，2015：212.

② PITTAWAY L, HANNON P, GIBB A, et al. Assessment practice in enterprise education[J]. International Journal of Entrepreneurial Behaviour and Research, 2009(1): 71-93.

③ 核心创业价值观培养；

④ 形成创业的动机；

⑤ 对从商过程和任务的理解；

⑥ 具有一般的创业相关能力；

⑦ 掌握创立企业最基本的商务常识；

⑧ 了解并熟知与关键的利益相关者所要建立的关系。

虽然鉴于这种情况，创业教育课程教学评估，不论是组织层面还是个体层面都需要以更宽广和综合的视角来指导。人本主义教育理论无疑是适用于研究型大学创业教育评估的宏观视角。

3.2.4 研究型大学创业教育模式中的教育资源与环境

人本主义教育理论认为学校应该为学生提供让他们觉得安全的环境，只有在这种环境中，学习才会变得轻松而有意义。马斯洛和罗杰斯认为这种安全的环境是指让学习者感到被支持、接受和爱，从而让学习者产生一种归属感①。这种环境氛围使学习者能充分发挥潜能，最终使他们获得自我实现。

教育环境即学习环境，其含义包括所有与学习相关的实物环境、心理因素及社会关系的总和。在创业教育研究中，越来越多的文献认为创业教育需要一种不同的学习氛围作为支持。琼斯(Jones)和英格力(English)认为创业教育模式、课程的设置及教学方法的选择都应该以学生为中心，目的就是创造一种环境，从而鼓励学生积极投入创业这一过程，而不仅仅是学习创业知识②。创业教育环境则是所有有利于实现创业教育目标的因素总和，大学创业教育环境除了学校的政策和资金支持外，还包括所有能让学生感受到支持的因素，如创业教育中的师生关系、学校对创业教育的管理、硬件支持及提供的实践环境等。

---

① MASLOW A. Some educational implications of the humanistic psychologies[J]. Harvard Educational Review，1968(4)：685-696.
ROGERS C R. Freedom to learn for the 80's[J]. Peabody Journal of Education，1983(6)：344-345.

② JONES，C，ENGLISH J. A Contemporary approach to entrepreneurship education[J]. Education＋Training，2004(8，9)：416-423.

国内创业教育专家学者也将实践实训、孵化基地、成果转化、创业咨询等作为创业教育氛围和体系的主要因素①。另外，创业教育环境即创业学习环境，对所有学生开放，尊重各种学生的个性，而不是简单地挑选具有创业特质的学生。创业教育学习环境应该能灵活地满足学习者的需求，从而促进学习者每个人得到发展。本模式下大学创业教育资源与环境具体内容如图 3.6 所示。

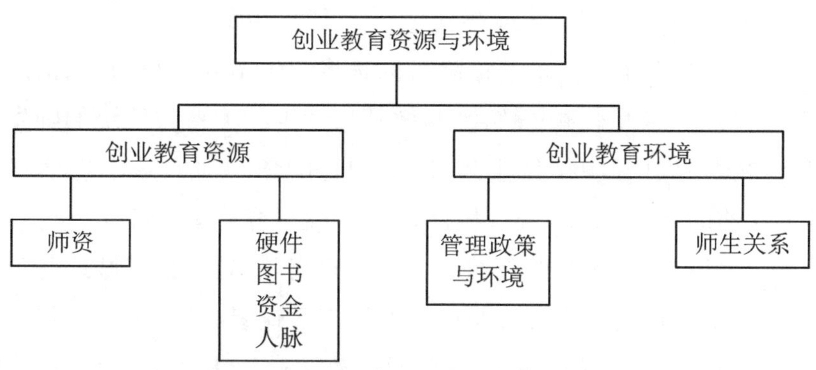

图 3.6　人本主义教育视角下大学创业教育教学资源环境概念模型图

1. 研究型大学创业教育概念模型的师生关系

人本主义教育家罗杰斯认为，老师作为"协助者"与学生之间的关系有助于教学活动，而教学活动过程其实就是师生之间互动的过程，这种师生关系是人本主义教育环境的组成部分②。卢达(Roorda) 等的研究表明师生之间的感情与学生的学业成绩有正相关关系③。康纳利斯(Cornelius)认为积极的师生关系是与人本主义教育紧密联系的，其研究发现以学习者为中心的师生关系对提

① 吴晓晴.中美高校创业教育的比较与思考[J].教育探索，2013(8)：152-153.
钟汝能.转型期高校创新创业教育探讨[J].学术探索，2015(4)：152-156.

② ROGERS C R. Freedom to learn: a view of what education might become[M]. Columbus: Charles Merill，1969：105-106.

③ ROORDA D L, KOOMEN H M Y, SPILT J L, et al. The influence of affective teacher-student relationships on students' school engagement and achievement: a meta-analytic approach[J]. Review of Educational Research, 2011(4): 493-529.

升教育效果是有效的①。琼斯和英格力认为在创业教育中师生之间的联系对学生是否能致力于创业行为至关重要②。在创业教育的发展中，教师仍然是关键的成功因素，教师的创业观念与创业活动是培养学习者创业意识的关键条件。

在人本主义教育视角下，教师注重的不是灌输知识，而是“努力营造一种信任、珍视、真实、理解的氛围，并最终营造了一种自由的环境”③，即学生自主学习的环境。他们在教学中追求的最终目标是将学生培养成身与心、情感与理智结合的完全的人。在人本主义教育中，教师与学生的关系与传统的师生关系不一样。学生在学习过程中担任主角，教师则是配角。他们是学生学习的促进者、引导者和辅助者（facilitator），相比传统的教师角色，他们有一些鲜明的特色：他们对学生具有真实性，即真诚。无论喜怒哀乐，教师都坦诚地与学生沟通与交流这些情感。相比于冷漠或假惺惺的知识灌输者，学生更喜欢热情而真诚的、有血有肉的学习促进者。这样的教师在教学过程中营造的是一种活泼、生动和真实的氛围。人本主义教育中的教师接纳和信任学生，他们尊重学生，重视学生的感受和意见，对学生的错误与不完美持宽容的态度。人本主义教育中的教师对学生具有同理心式的理解，他们从学生的视角出发，观察学生在学习过程中的感受，并对学生的感受表示理解；他们注重了解学生的兴趣，设计与生活密切相关的问题供学生讨论，保护和激发学生的好奇心，学生内心对老师充满了感激，这样的学习氛围是轻松和自由的。人本主义教育中的教师能正视教学过程中的不确定性，他们重视的不是学生整齐划一的标准答案，他们鼓励学生的创造性思维，努力培养学生的创造力。在人本主义教育视角下，教师为学生的学习提供各种合适的资源。教师是这些资源的提供者与组织者。这些资源与学生的体验式学习相关，不仅包括如教室里摆满书籍的书架、论文、实验室、影片等硬件资源，还包括人力与师资等软件资源，比如安排社区成员与学生们面对面交流某些学生们感兴趣的话题。

---

① CORNELIUS W J. Learner-centered teacher-student relationships are effective: a meta-analysis[J]. Review of Educational Research, 2007(1): 113-143.

② JONES C, ENGLISH J. A contemporary approach to entrepreneurship education[J]. Education＋Training. 2004(8,9): 416-423.

③ 卡尔·罗杰斯，杰罗姆·弗赖伯格. 自由学习[M]. 王烨晖，译. 北京：人民邮电出版社，2015：169.

这种师生关系应该也包括从事管理的行政人员和学生之间的关系。罗杰斯认为，管理者也可以成为学习的促进者，管理者与促进者这两个概念并不矛盾——管理者包括校长与教师之间的互动，可以达到相互促进的作用，共同构建出受学生欢迎的学校，即“自由学校”[①]。因此，从事管理的行政人员包括校长，应为学生创业活动提供相应的政策支持等有助于营造和谐而有利的创业环境氛围。研究型大学创业教育中的师生关系应该囊括各任课教师、管理人员及校长，他们与学生之间的关系对学生的创业教育体验和成效至关重要。教师、管理者对学生的关心和支持形成与学生之间良好的关系，从而在学生的学习过程中营造一种自由、开放和支持性的学习氛围。

2. 创业教育资源

(1) 师资资源

教师对创业教育的发展及学生创业意识和能力的培养具有关键作用。在人本主义教育视角下，教师的作用之一是提供资源，其中包括师资资源，这一资源不仅指校内教师，而且还包括其他所有愿意参与学生的教育培养工作的人员。目前美国各大学为发展创业教育，积极充实和提高创业教育师资力量，创业教师队伍呈现多元化趋势。创业师资构成包括在校全职、兼职和捐赠讲席教师；另外，还从企业、社会组织和政府部门聘请业界精英、专家和政府管理人员定期或不定期为学生作报告，成为校外导师，如马里兰大学聘请的校外创业教师多达 113 位[②]。

目前，全球的大学创业教育包括北美、欧洲和中国都面临着师资短缺的问题。我国大学生创业教育课程的教师大多数是从事经济和教学管理工作或者是负责指导学生就业工作的教师[③]，这些教师既没有创业实践经历也没有受过任何创业学方面的培训。此外，研究型大学的师资建设缺少创业学博士学位层次的教育，以及创业教育的终身教职。多年来，美国各研究型大学纷纷采取各

---

① 卡尔·罗杰斯，杰罗姆·弗赖伯格. 自由学习[M]. 王烨晖，译. 北京：人民邮电出版社，2015：110.

② 李丽芳. 美国大学创业教育评析[J]. 高教探索，2012(4)：57-61.

③ 马永斌，柏喆. 大学创新创业教育的实践模式研究与探索[J]. 清华大学教育研究，2015，36(6)：99-103.

种措施加强师资培训，百森商学院和雪城大学都已取得良好的效果。现在美国研究型大学的创业教育师资力量在不断增强，大部分创业教育课程由拥有企业管理经验或者已经创办企业的教师承担。

校长及管理人员也是创业教育师资中的重要组成部分。人本主义教育中校长及管理人员是建设“自由学校”的重要因素。校长是学校与社区和外界联系的纽带，为学校争取资源与人员交流服务。校长在营造校内“开放、健康和信任的氛围”中具有促进作用，为师生们创造了“支持性的学习环境”①。然而，目前大学教育行政管理人员对创业教育的支持是零散的，主要是因为大学的校长、教务长及系主任常常更换，创业教育因高级行政管理人员理念的改变而频繁变化。

此外，创业教育师资还包括各种创业研究中心和基金会的科研人员。由于创业研究中心与基金会和研究型大学有密切合作联系，其科研人员也成为研究型大学创业教育的师资来源。

(2) 硬件资源与资金

在人本主义教育视角下，教育资源除了师资之外，还包括用于创业教育的硬件资源和资金。创业教育是一门实践性很强的学科，其课程教学与相关活动都需要有专门的实践场地和设施。创业中心和技术转化办公室、孵化器等是大学创业教育必需的硬件设施。自 1995 年以来，一些顶级大学的捐赠讲席及创业中心投资超过了 1 000 万美元②。

研究型大学的创业教育还需要投入资金用于师资的培训、聘请、举行讲座等事务。此外，学生的奖学金、创业基金、创业活动、实习活动等资金及创业大赛奖励资金，也是创业教育中的必要投入。如 20 世纪 90 年代，在创业教育中，美国各大学每年每位学生的奖学金和课外活动资金的支出介于 1 000 至 20 000 美元，斯坦福大学、哈佛大学等大学提供给学生用于各类活动的资金更高③。

---

① 卡尔·罗杰斯，杰罗姆·弗赖伯格. 自由学习[M]. 王烨晖，译. 北京：人民邮电出版社，2015：125.

② KATZ J A. The chronology and intellectual trajectory of American entrepreneurship education[J]. Journal of Business Venturing, 2003(18):283-300.

③ ROBINSON P, HAYNES M. Entrepreneurship education in America's major universities[J],Entrepreneurship Theory & Practice,1991(3):41-52.

3. 管理政策与实践环境

(1) 管理政策

在人本主义教育视角下,教师及管理者是学生有意义学习的促进者。研究型大学的创业教育管理在营造创业教育环境中具有重要作用。有研究表明,学生的创业意愿与其感知的支持有正相关关系①。"有利于创业的学术与管理制度,可以帮助学生变得更加独立和勇于进行创新性的冒险"②。校长及各级管理部门、人员开放而支持性的管理工作有利于激发学生的创业意识和行为,使他们感受到理解和支持,从而能够自由地追求创业理想。

校长及各级管理部门、人员对内可以制定有利于学生创业学习和实践的政策和措施,能为学生的创业行为创造支持的环境。这些政策和措施包括实行弹性学习和学分制度,以及灵活的休学创业措施等。另外,创业教育是一门涉及多学科的交叉学科,其顺利开展经常要求全校各部门的协作,甚至是与其他院校的合作,这就要求大学校长和各级管理人员制定各种规范、合理的政策措施,以此保障创业教育校内各部门、人员及校际间的合作与交流。

校长及各级管理部门、人员对外争取有利于学校创业教育的来自于政府、机构、行业组织等的政策支持,同时为学校的创业教育带来更多投资或直接的资金支持。

(2) 实践环境

教育要与实践相联系。人本主义教育理论、皮亚杰(Piajet)的认知理论及科尔布(Kolb)的体验学习理论都强调实践在学习中的重要作用。人本主义教育理论重视教育所处的环境,并且认为学生只有在真实的环境中才能进行"有意义的学习"。实践在教育中的作用也已经得到其他研究者的证明。祖尔(Zull)的研究揭示学习中的实践活动刺激大脑皮层中的感觉与综合等区域,从

---

① TURKER D. Which factors affect entrepreneurial intention of university students? [J]. Journal of European Industrial Training,2009(2):142-159.

② 武世兴,杨亚鸿. 美国高校的创业教育:考夫曼创业基金会关于美国高校创业教育研究报告[J]. 中国大学教学,2011(4):88-92.

而形成一个学习循环①。凯斯(Kayes)认为实践经历使学习者获得更多的满足感,增加其学习动力并提升其能力②。只有加强高等教育中的实践教学,才能促进体验式学习。

创业教育必须要为创业学习提供实践环境。自身实践经历中的学习是学会如何成为创业者的唯一途径,实践使创业教育学习者能在"做中学",达到学与做的相互结合。在人本主义教育视角下研究型大学的创业教育是与真实的实践经历相联系的、激发学习者内在兴趣和创造力的过程。目前研究型大学的创业教育为学生提供了各种实践课程和实践机会,设立创业中心、孵化器,组织包括创业大赛在内的创业活动,提供实习机会,甚至允许学生休学创业,这些措施显然都是为了给学生提供真实的实践经历和体验,以促进他们开展"有意义的学习"。

创业教育中心一般由大学特定的领导及教师负责,指导学生一步步将创业设想变为现实。这些创业教育中心还拥有广泛的外部关系网络,例如孵化器、科技园及风险投资机构等。校内及校外学生创业组织和俱乐部等也是学生创业教育实践的组成部分。这些学生创业组织和俱乐部一般由学校提供场地和资金,学生负责管理,并举办各种创业活动,为学生的创业规划提供展示和交流的机会。

创业大赛是大学生对外宣传自己的创意、争取投资的重要平台。这也符合人本主义教育与实践和社会联系的理念。通过举办全校或全国范围的创业大赛,研究型大学为本校的创业教育及其学生拓展了资源与合作网络。很多好的创意通过创业大赛落地并发展成地区甚至全国性的成功企业。美国的研究型大学举办创业大赛已经有很长的历史并且已成为研究型大学创业教育的传统。以莱斯商业计划竞赛为例,2001 年该赛事首次举办时,只有 9 支参赛队伍,获奖学生的奖金也只有 1 万美元,到 2017 年发展到 42 支参赛队伍,奖金也飞速增长到 150 万美元。为大赛提供支持的企业和私人赞助商超过了 180 家③。

---

① ZULL J E. The art of changing the brain: enriching teaching by exploring the biology of learning[M]. Sterling: Stylus, 2002.

② KAYES D C. Experiential learning and its critics: preserving the role of experience in management learning and education[J]. Academy of Management Learning and Education, 2002(2):137-149.

③ 梁会青,翁立婷. 中美大学生创业竞赛比较[J]. 世界教育信息,2018(1):26-32.

与社区互动及实习是促进大学生创业学习的重要途径。人本主义教育中，学生的学习与生活是密不可分的。与外界的联系和互动是创业教育的关键性方面[①]。创业教育中大学生通过与社区之间的相互联系、互动来增进其创业意识、能力与企业家精神。一方面，大学会邀请社区一些企业家或其他行业的人员到大学做报告；另一方面，大学的创新创业活动经常对中小学生和社区成员义务开放，同时经常让大学师生走进中小学及社区，为社区民众提供服务。

在接下来的第 4 章、第 5 章，将以本章所构建的人本主义教育视角下研究型大学创业教育概念模型为框架，以哈佛大学、马里兰大学、清华大学和复旦大学为案例，深入剖析研究型大学创业教育的实践模式问题。

① GIBB A. Entrepreneurship and enterprise education in schools and colleges：insights from UK practice[J]. International Journal of Entrepreneurship Education，2008(6)：1-47.

第4章　美国研究型大学创业教育案例分析

4.1　美国研究型大学创业教育背景

研究型大学是美国创业教育的发源地，其创业教育的发展进程代表着美国创业教育的进程。美国研究型大学创业教育背景与美国社会的经济情况和国家政策因素有密切联系。

早在20世纪初，美国的创业教育活动就已开始。1913年，创新创业理论先驱熊彼得就开始在美国哥伦比亚大学讲学，1932年，他来到哈佛大学任教。20世纪40年代的美国政府开始关注小企业的发展。1941年，美国参议院召集特别委员会研究美国小企业问题，并于1942年发布关于在第二次世界大战期间及战后保护和发展小企业的建议，其中包括利用美国大学资源为小企业提供培训，帮助他们开展创新。由于政府的推动，美国的研究型大学开始关注中小企业的创业培训与教育，然而，从这一时期到20世纪60年代末，美国的大工业时代促进美国的大企业蓬勃发展，小企业发展空间受限，美国大学的创业教育未受到重视。20世纪40年代至60年代，是美国研究型大学创业教育起步阶段。这一阶段研究型大学的创业教育主要是开设小企业课程，大多限于商学院范围内。

美国研究型大学创业教育在20世纪六七十年代发展缓慢。这与此阶段妇女与少数族裔的经济及经商权力受限有关。例如，1974年之前妇女无法在银行开设独立的信用卡账户，而少数族裔在申请贷款时备受冷遇。从20世纪50年代开始到60年代达到高潮的美国民权运动，使少数族裔的平等权利得到社会广泛的认同和支持。另外，20世纪70年代美国经济进入衰退期(recession)，也正是从此开始，美国联邦政府逐渐意识到小企业和新创企业对美国经济发展的重要意义。此阶段美国联邦政府陆续通过一系列法案保障妇女及少数族裔积极经商办企业。在这样的背景下，研究型大学的创业教育逐渐发展起来。据Vesper的研究，1970年开设创业课程(venture initiation courses)的有包括哈佛大学在内的16所大学，其中15所是研究型大学①，到1979年，开设创业课程的学校增加到263所②。从20世纪80年代初到90年代末，美国研究型大学创业教育进入快速发展期。这一时期美国研究型大学的创业教育课程数量猛增，创业教育专业设置开始从商学院推广到其他院系，创业教育的专业类别进一步细化。相关创业研究活动也空前发展。自20世纪80年代以来，美国联邦政府陆续出台一些法规、政策，规范和促进小企业的发展，特别是1980年颁布的著名的《拜杜法案》。这一法案对大学如何将校园内产生的技术进行转移和商业化产生了深刻的影响③。这一时期，“500强”企业减少了500多万个工作岗位，而与此同时新创小企业却创造了3 400多万个新工作岗位。小企业(拥有少于500名员工的企业)雇佣了53%的劳动力，创造了51%的私营企业国内生产总值。社会对创业人才的需求因此大大增加。顺应这一经济发展趋势，美国各研究型大学纷纷开设小企业管理及创业等课程，华盛顿大学的卡尔·瓦斯帕对创业教育课程进行了大量的研究。乔治·华盛顿大学的Solomon等学者对小企业的研究也较丰富。到1994年全美有1 600多所大学开设了2 200多门创业课

① VESPER K H, SCHLENDORF J. Views on college courses in venture initiation[J]. Academy of Management Journal, 1973(3): 519-522.

② KATE J A. The chronology and intellectual trajectory of American entrepreneurship education: 1876－1999[J]. Journal of Business Venturing, 2003(2):283-300.

③ GRIMALDI R, KENNEY M, SIEGEL D. 30 years after bayh-dole: reassessing academic entrepreneurship[J]. Research Policy, 2011(40):1045-1057.

程，设立了 277 个捐赠讲席，拥有 44 种英文期刊和 100 多个研究中心，到 1995 年参加美国小企业局小企业学院项目的大学增加到 450 多所①。从美国创业教育的起步和发展可以看到研究型大学在其中的重要作用，表 4.1 列举了 20 世纪具有代表意义的研究型大学创业教育活动。

表 4.1　20 世纪具有代表意义的美国研究型大学创业教育活动[1]

时间	大学名称	创业教育情况
1947	哈佛大学	开设第一门 MBA 创业课程
1953	伊利诺伊大学	开设“小企业及创业发展”课程
1953	纽约大学	彼得·德鲁克开设并讲授“创业和创新”课程
1954	斯坦福大学	开设第一门 MBA 小企业管理课程
1954	南达科他大学	开设一门小企业课程
1954	印第安纳大学	出版第一本针对家族企业管理的案例专著
1958	麻省理工学院	开设创业课程
1961	西南大学	出版《小企业管理》教科书
1963	佐治亚州立大学	设立第一个私营企业捐赠讲席
1967	斯坦福大学和纽约大学	开设第一批当代 MBA 创业课程
1968	百森商学院	开设第一个本科层次创业主修专业
1970	南卫理公会大学	成立第一个现代创业中心
1970	普渡大学	第一次召开重要的创业学术研究会议
1971	南加州大学	出现第一个 MBA 创业主修专业
1972	得克萨斯理工大学	启动小企业研究院项目
1973	华盛顿州立大学	出现多学科学生组成的 MBA 创业项目
1979	麻省理工学院	启动创业促进社区和地区变化项目
1981	贝勒大学	召开第一次创业大会
1982	伊利诺伊大学	市场营销系设立第一个本科创业课程
1983	新墨西哥大学	工程学院开设第一门创业课程
1984	百森商学院和德克萨斯大学	分别举办第一次单个校园商业计划大赛

① KATZ J A. The chronology and intellectual trajectory of American entrepreneurship education: 1876 - 1999[J]. Journal of Business Venturing, 2003(2):283-300.

续表

时间	大学名称	创业教育情况
1986	迈阿密大学	举办第一届全美商业计划大赛
1987	圣地亚哥大学	举办第一届全美公开商业计划大赛
1988	新墨西哥州立大学	工程学院设立第一门创业课
1996	德克萨斯理工大学	开设第一个针对家族企业的创业学专业
1998	四所大学联盟	开设第一门网络远程创业课程
1999	麻省理工学院	毕业生累计创办了 4 000 多家公司

资料来源：KATZ J A. The chronology and intellectual trajectory of American entrepreneurship education: 1876—1999[J]. Journal of Business Venturing, 2003(2):283-300.

4.2　哈佛大学创业教育实践模式案例

哈佛大学至今已有 300 多年历史，坐落在风景秀丽的马萨诸塞州波士顿市的剑桥镇。其校园因有大量英国殖民时期遗留下来的建筑而与众不同。哈佛大学的创业教育在美国的创业教育史上具有其他大学不可替代的地位。哈佛大学的创业教育创造了多个第一：1925 年，案例教学首次在哈佛商学院诞生；1946 年，熊彼得和阿瑟 · 科尔(Arthur Cole)在哈佛大学首次创立创业历史研究中心，成为美国第一个创业研究中心；1947 年，迈尔斯 · 梅斯(Myles Mace)在哈佛商学院开设了第一门 MBA 创业课程；1949 年，创办第一份创业杂志——《创业历史探索》；等等。

从 20 世纪 40 年代开始，哈佛大学就把本科生的课程分成三个部分：主修课、选修课、通识课(此外还有写作课与课外活动)。按照哈佛通识教育委员会主席 J. 哈里斯的说法，这些都是哈佛式“自由教育”(liberal education)的基本元素。20 世纪 70 年代末，亨利 · 罗索夫斯设计了“核心课程”(core-curriculum)。从 2013 年开始，哈佛大学在本科生中全面推行一套新的通识教育计划(general education)，以取代“核心课程”。重新划分了学生需要涉猎的八大知识范畴领域:艺术与诠释、文化与信仰、经验推理、伦理推理、生命系统科学、物理世界科学、世界中的社会、世界中的美国,共计400多门课程。

通识教育课程改革为哈佛大学的创业教育奠定了基础。如今哈佛商学院的创业教育案例教学法和实地沉浸教学法成为哈佛大学创业教育的特色,哈佛商学院的创业教育仍然是研究型大学中的样板。

4.2.1 哈佛商学院创业教育背景

哈佛商学院的创业教育一直不断发展,至今已成为研究型大学创业教育的标杆。哈佛商学院是培养商人、主管、总经理的"工厂",在美国500家最大公司里担任最高职位的经理中,有1/5毕业于这所学院。

哈佛大学创业教育课程建设经历了初创缓升期(1937~1978)、短暂低谷期(1979~1983)、重新振作期(1984~2004)、跨越发展期(2005年至今)四个发展阶段[①]。

1908年,哈佛大学商业管理研究生院(Harvard Graduate School of Business Administration)成立,成为后来为世人熟知的哈佛商学院(HBS),当时有1 533名正式学生。起初是在人文学院基础上设立的,主要提供人文学科硕士学位教育,只有一个商务专业。学院当时的目标是培养政府需要的公共管理人才。1922年商学院设立博士学位。1924年案例教学法作为主要教学方法被采用,至今仍然是享誉世界的创业教育经典教学方法。1945年建立总裁教育课程计划及高级管理课程计划,第一批学生为60名高级企业行政管理人员,这一课程计划在2007年时进行了革新,成为针对创业者的高级行政管理人员教育课程计划。20世纪70年代,受美国经济滞涨影响,商学院的经理人教育受到冲击。20世纪80年代,商学院教育进入分水岭,直到90年代商学院的发展还面临着身份与目标的危机。20世纪90年代早期,哈佛商学院正式将关注焦点从其传统的大管理学转移开来,发布"培养对世界有所作为的领导者"(to educate leaders who make a difference in the world)的宣言,值得一提的是Derek Bok在1971~1991年间担任哈佛大学校长期间,大力改革学校的管理及核心

① 刘志.哈佛大学创业教育课程建设的历程与经验[J].教育研究,2018(3):146-153.

课程，他还积极倡议增加女大学生的招生数量。哈佛商学院在 1975 年出台了男女平等的招生政策。1997～2013 年间哈佛大学在美国硅谷及亚欧、拉美等地区建立研究中心。这些研究中心成为日后哈佛商学院学生实习和考察的基地。进入 21 世纪，哈佛商学院在创业教育硬件设施上加大投入。2003 年建成洛克创业中心（Rock Center for Entrepreneurship），总部坐落在哈佛大学校园内。自德鲁·吉尔平·福斯特（Drew Gilpin Faust）2007 年担任校长以来，创新与创业在哈佛商学院成为前沿与中心。2011 年哈佛大学设立了创新中心（Innovation Center）。现在哈佛商学院已发展完善涵盖硕士学位教育、企业高管继续教育、博士学位教育以及网络教育各层次的创业教育课程计划，至 2018 年，哈佛商学院已连续 4 年蝉联全美最佳研究生创业教育榜单第一名①。近 5 年里，哈佛的毕业生已创立 84 家公司，并融资近 15 亿美元。近十年里，毕业生创办了 319 家公司，融资近 58 亿美元。哈佛大学的创业教育始于并且主要集中在其商学院，其他如工程学院、教育学院等与商学院合作也开设了一些创业教育课程及项目。

4.2.2　创业教育目标

1. 总体目标

正如哈佛大学现任校长福斯特在迎接 2017 级新生时所说：哈佛大学是知识和真理的所在。作为一所研究型大学，哈佛大学的使命是为社会培养公民及公民领袖。作为一所世界知名的研究型大学，哈佛大学创业教育的目标定位是培养具有领导力的精英人才。从 20 世纪一二十年代开始，哈佛商学院在很长一段时间里的培养目标是高级管理人员。从 20 世纪 70 年代早期开始，美国经济开始不景气，导致企业管理人员需求下滑。1992 年，《哈佛商业评论》刊登亚伯拉罕·扎莱兹尼克教授（Abraham Zaleznik）的署名文章《管理者和领导者：

---

① The Princeton Review. The princeton review & entrepreneur name the top 25 undergrad & grad schools for entrepreneurship studies for 2018[EB/OL]. https://www.princetonreview.com/press/top-entrepreneurial-press-release.

两者不一样吗?》引发了对商学院是培养管理者还是领导者的讨论[①]。最终,从20世纪90年代开始哈佛商学院将其教育目标调整为“我们培养改变世界的领导者”(we educate leaders who make a difference in the world)。这一目标强调所培养人才要具有领导者的能力和特性,要能为社会创造真正的价值,并且具有全球视野和胸怀。

2. 不同学位目标

哈佛商学院的具体创业教育目标可分别从不同学位层次和课程来分析:

(1) 全日制MBA教育

在为期两年的全日制学位教育中,MBA学生要深入接触真实的商务问题,并且培养面对这些问题所需的能力、技巧和自信。在每个案例、每节课和每项活动中,学生不仅要学习领导力,而且要展示领导力。可见MBA教育的目标是培养具有真正解决商务问题的、有商务领导能力的管理或创业人才。其录取人数约为申请人数的12%。

(2) 全日制博士教育

哈佛商学院的博士学位教育是为那些渴望成为大学商学院终身教授的学者而设立的。它的目标定位是培养从事商务领域研究工作的高级学者、研究者和教育工作者。其录取人数约为申请人数的4%。其博士研究生在商学院教授的带领下,在世界商业和创业领域从事有重要影响的研究。著名的创业学之父——杰弗里·蒂蒙斯教授就是哈佛商学院毕业的博士之一。

(3) 开放式高管定制教育

这是针对各单位高级管理人员量身定制的非学历教育。内容涵盖领导力、战略决策、金融、创业和创新。本教育项目目标是帮助有工作经验的高管拓展全球视野和领导水平,让他们在以后的工作中以更出色的领导力管理所在组织。授课地点包括波士顿,以及孟买、上海等世界其他地区。

此外,哈佛大学的工程学及应用科学学院虽然到2000年才成立哈佛技术创业中心(Technology and Entrepreneurship Center at Harvard,简称TECH),

---

① ZALEZNIK A. Managers and leaders: are they different? [J]. Harvard Business Review,1992(2):126-135.

开始对本科生进行创业教育，自成立以来其创业教育受到学生的欢迎，学院与企业和政府合作建立了实验室，为学生与教师的创新创业营造积极的氛围，使学院成为创业的孵化器，让科学和技术成为社会不可分割的一部分。其创业教育目标是培养在任何一个领域都具有创造力、创新及创业能力的学生，帮助他们实现改变世界的理想。

3. 不同课程目标

课程目标相对于学校或院系目标则更具体，而且主要与学生的能力培养有关。在哈佛大学的课程系统上，以"创业教育"(entrepreneurship education)和"企业创办"(venture creation)为关键词，剔除同名课程后，一共有 32 门创业核心课程。再加上哈佛商学院 139 门 MBA 课程及 53 门博士生课程，哈佛大学至少有 224 门与创业相关的课程。这些课程都是围绕培养学生在创业过程中所要具备的能力和素质而设置的。表 4.2 中列出了其中具有代表性的 6 门创业课程及其课程目标。

4.2　哈佛大学部分创业课程及其课程目标

课程名称	课程目标
创业在非洲	启发并教授学生开展公益创业的特定背景、挑战以及创新的知识和技能，了解非洲新兴市场的社会和经济情况
教育创业	培养学生在社会创新和教育创业中的工作和领导能力
教育市场中的创业	教授学生详细分析市场情况并设计商业计划书，规划如何有效利用市场机遇和可用资金
创业财经学基础	教授基本的财经术语、工具和概念，强调商业计划书的设计与制作
可持续导向的创新与创业	讲授公司、投资者、大学、非政府组织和政府机构如何更好地促进可持续导向的创新，让他们的投资在财政与社会层面取得双重回报
生物医学创业	将科学、生物技术、知识产权以及风险投资与商务整合，让学生了解实验室里的一个想法变成治疗病人疾病的药物的过程

4.2.3 创业教育学习者

哈佛大学创业教育的学习者主要集中在商学院和工程学院。工程学院的TECH,其创业教育针对所有专业的本科学生,其余大部分的创业教育学习者主要集中在商学院。这部分创业教育主要是硕士研究生、博士研究生或在职高级管理人员以及网络课程所针对的有工作经验的商务人士。每年MBA的入学人数约900人。哈佛大学MBA学生的背景以多样化著称,行业背景、国籍、兴趣爱好、思维视角等均是多元化的。哈佛大学认为这种多元化对哈佛大学学习模式的形成和影响是至关重要的。以2017级928名MBA学生和2017级24名博士生为例,其统计情况如表4.3至表4.6所示。

表4.3 2017级MBA学生数量统计

类 别	数 量	占百分比
女性	391(名)	42%
美国籍少数裔	235(名)	25%
国际学生	327(名)	35%
平均年龄	27(岁)	
所在国家数量	70(个)	

资料来源:https://www.hbs.edu/recruiting/data/Pages/entrepreneurship.aspx.

表4.4 生源洲别构成

洲 别	数量(名)	占百分比
北美洲	642	69%
亚洲	129	14%
欧洲	93	10%
中南美洲	39	4%
非洲	16	2%
大洋洲	9	1%

资料来源:https://www.hbs.edu/recruiting/data/Pages/entrepreneurship.aspx.

表4.5　教育/行业背景构成

类　　别	数量(名)	占百分比
STEM	335	36%
经济/商务	415	45%
人文/社科	178	19%
咨询业	146	16%
消费品	59	6%
能源/矿业	59	6%
金融服务	101	11%
政府/教育/非营利机构	62	7%
保健/生物科技	65	7%
高科技/通信	140	15%
工业/制造业	49	5%
军队	40	5%
其他服务业	66	7%
风险投资/私募股权	141	15%

资料来源：https://www.hbs.edu/recruiting/data/Pages/entrepreneurship.aspx.

表4.6　2017级博士生情况

类　　别	数量(名)	占百分比
女性	8	34%
男性	16	66%
少数民族	8	33%
国际学生	11	46%
硕士学位学生	9	38%
学士学位学生	15	62%

资料来源：https://www.hbs.edu/recruiting/data/Pages/entrepreneurship.aspx.

4.2.4 创业教育课程与方法

哈佛大学的创业教育课程与其通识教育紧密联系。哈佛大学重视培养学生的人文精神,而集中体现其人文精神的是其核心课程的设置。哈佛为全体本科生开设一系列基础课程,并且要求学生必须从中选择几门课程作为必修课。这些核心课程囊括文化、历史、文学与艺术、伦理道德、定量推理及科学分析等方面的知识。其设置的目的是让学生先对他们所生活的整个世界有一个整体而系统的理解与感知,然后再进入到他们各自专业领域进行学习和探究,从而有助于学生对自身专业有一个更明晰的定位和把握。哈佛大学这种核心课程设置为其创业教育课程的开展提供了知识的储备。

根据哈佛大学的选课系统,以"创业教育"和"创立企业"为关键词搜索,有29门课程名称中直接包含"创业"或"企业"。根据《普林斯顿评论》统计,哈佛大学目前有37门研究生层次的创业课程。然而,哈佛大学商学院有很多课程都与创业教育相关。这些课程囊括本科生、硕士研究生和博士研究生各层次。

1. 本科生创业课程内容

哈佛大学本科生创业课程大多数集中在商学院和工程学院,还有一些是由教育学院和法学院及洛克创业中心等开设的。哈佛商学院面对全校本科生设立了一项为期10周的暑期课程计划,让本科生参与商学院教师的研究项目,主题包括商务决策、社交媒体、创新管理和私募股权等。项目管理人 Marais Canali Young 介绍说:2017年是这项暑期课程计划实施的第七个年头。课程计划从6月5日延续到8月11日。为学员提供住宿、部分餐饮,以及一些研究资助。哈佛大学工程学院(SEAS)2000年成立的"哈佛技术与创业中心"(TECH)也积极致力于创新创业教育。目前针对本科生的创业教育发展迅速,规模也越来越大。SEAS下设积极学习实验室(SEAS Active Learning Labs)、哈佛技术与创业中心(TECH)、创新空间(Innovation Space)、哈佛创新实验室(The Harvard Innovation Lab)、哈佛学院创业论坛(Harvard College Entrepreneurship Forum)、哈佛企业家校友协会(Harvard Alumni Entrepreneurs)以及哈佛实验室(The Laboratory of Harvard)等创新创业实验室及团体组织。开设了工程科学创业研究与开发课程(Engineering Sciences：Startup R&D)、工程科学创新课程(Innovation in Science and Engineering)。这些课程内容包括探索科技创新因素、发现及解决问题、团队作用及创造力。此外，SEAS 还有入校专家咨询课程项目(The Experts in Residence Program，简称 EiR)，目前此项目中有五位创业领域的专家入住学校，每位专家有固定的办公时间，在此期间学生可以与专家们进行一对一的谈话。专家们作为导师，为学生们提供新创企业、创新、工业及相关职业路径咨询。

2. 本科生创业课程教学方法

工程学院课程采用以学生为中心、为学生量身定制的、基于技能与实践的体验式教学方法，采用让学生在实践中学习的教学理念。课程教学方法灵活，为学生提供了大量的动手实践机会。各种实验室、展览活动及创新创业大赛将学生与教师、专家及校友紧密联系起来，为学生营造了良好的创业教育氛围。哈佛大学的创业教育课程评估方式也是以学生为中心的，并将此评估作为判断学生掌握课程知识情况及对课程学习的反馈途径。以工程科学“创业研究与开发课程”为例，教师要求学生们每周四下午4点至6点举行一次会议，每两周应与教师会面一次。本课程没有通用的教学大纲，教师为每一位学生或项目因材施教，其评估以完成共同认可的目标为标准，以及依上课、参加会议及反馈情况而定，没有书面测试。为了对选修课进行客观的评价，提高选修课的教学质量，学生在课程结束时会收到“课程评价表”，学生填写课程评价表，以此对相关课程进行评估，评估内容有以下四条①：

① 是否提高了学生辨析问题的能力；

② 实例和讲义的质量；

③ 课程内容的恰当性；

④ 课程对学生形成的负担程度。

---

① 马征.哈罗德·杰尼：哈佛 MBA 商父[M].乌鲁木齐：新疆青少年出版社，1997.

3. 硕士研究生创业课程内容

哈佛大学的研究生创业课程与教学以商学院的全日制 MBA 及博士生课程为代表。哈佛商学院没有专业之分，所有的 MBA 学生都要学习综合管理课程，但可以选择不同的发展方向。硕士和博士的创业课程设置有不同的课程计划，满足学生不同的学术及职业需求。

哈佛大学的 MBA 课程被称为“创业经理”(The Entrepreneurial Manager)课程。为了达到“培养对世界有所作为的领导者”的教育目标，哈佛商学院的课程设计一直将培养学生的领导力作为核心。MBA 学生第一学年的课程都是必修的“创业经理课程”，包括：管理经营战略与方针、管理控制、管理经济学、市场营销学、组织行为学、管理沟通、人力资源管理、生产与作业管理、财务管理、企业与政府及国际经济、经营管理模拟训练 11 门课程。第二学年除了一门必修课——怎样做好一个总经理，其余全是选修课程，共有 24 门选修课可选。

4. 硕士研究生创业课程教学方法

案例教学发源于哈佛商学院，一直以来哈佛大学以其案例教学而著称。案例教学中没有教科书，所有的课堂都是案例学习。世界各地商学院所运用的案例中，80%是由哈佛商学院制作的，而在过去的 10 年中就有 1 200 多个案例是关于创业的。案例教学是创业教育体验式教学方法的典型代表。以下访谈内容是哈佛大学教师对课堂上运用案例教学法的感受及学生对案例课的反映(访谈提纲见附录 3)：

> 教师课前要花很多时间准备。教师备课不仅涉及内容还涉及教学过程。为上好案例课，教师花费的备课时间是每个学生的 5 至 10 倍之多。我们会组成教学小组(teaching groups)，在一起共同讨论如何进行案例教学。所有教师对上好每一节案例课都充满激情。当然学生也要在课前做好准备。每个案例都有非常详细的内容，学生要熟悉案例的细节。为了上好案例课，他们也往往组成学习小组(learning teams)，在一起讨论案例里的问题，交流意见和看法。(I1)

案例课堂教学过程与普通课堂一样。教师提前来到课堂，在说了开场白之后进入正题，提出相关问题让学生讨论及发言。案例教学的不同之处应该是：首先，课堂上没有任何教材，所用的材料是事先通知学生的案例，每个案例大概有15至20页。其次，课堂上以学生的高度参与和积极投入为中心，教师尽最大可能再现真实商务情境，认真倾听和用板书记录每位学生的发言要点，并且对学生的观点及时作出有效的回应。课堂讨论贯穿整个课堂进程，这些是案例教学所不一样的地方。(I2)

不论你教了多少年课，也不论你教过多少案例，每次走进课堂之前我还是会充满期待。每一次课都是一场不一样的旅程，没有人知道这次课会有什么样的场景，让我充满期待。(I3)

在课堂上发言时，你可以犯错，或者你不必提出正确答案，不论你说什么，这里都支持你。(I4)

我觉得我从我同学身上学到了很多。他们不同的背景、他们看待世界的方式以及他们不同的观点，让我懂得了看同一个问题可以有不同的方式。(I5)

为了进一步再现哈佛大学的课堂案例教学，以下以哈佛商学院“商务战略”课程一位教授的课堂案例教学为例，再现哈佛商学院的课堂教学场景：

上午8:40，哈佛大学奥而德里奇大厅，扬·瑞福靳教授大步流星地走进107教室，轻轻合上琥珀色的大门。他走向教室中央，四周环形的课桌将他围在中间。他环顾着端坐在课桌旁的90位学生，以一句“早上好！”开始了他的课堂教学。这节课他与学生讨论的案例是一家荷兰的甜味剂公司(Holland Sweetener Company)。他说：“假设你是这家公司的CEO，你的公司第一次进入甜味剂市场，你面对的竞争对手是另一家甜味剂公司(Nutra Sweet)。你得问自己对方这家公司会如何应对？他们会发起价格战还是正常竞争呢？”然后，教授开始向第一个学生提问，这也是学生们最紧张和期待的随机点名(cold call)。当学生陈述观点时，教授认真倾听，并将学生说的要点用板书记录在黑板上。然后他继续提问道：“谁持不同观点？”并让下一个学生发言。

很快两块黑板上已满是字和各种箭头。前面几个学生的发言，很快引起一个接一个学生举手发言和讨论。整个课堂变得更互动，充满了快乐的氛围，甚至不时听到很多笑声。80 分钟的课很快就接近尾声了。最后，教授说道："周四我们将继续了解英国卫星广播公司和天空广播公司之间的竞争。谢谢教授话音刚落，教室里响起了热烈的掌声，这堂案例课到此结束。

整个案例教学不仅包括课堂教学，还有评估和反馈环节。评估内容包括课堂质量、学生及教师的表现。评估课堂质量、学生以及教师的表现，是成功开展教学的重要组成部分。此外，还包括对学生参与度及师生在课堂上各自责任的评价。

另外，哈佛大学又于 2011 年创立了一种新的教学方法——领导力开发实地浸入体验（Field Immersion Experiences for Leadership Development，简称 FIELD)，作为对案例教学方法的补充。FIELD 的目标是以沉浸式的方式将学生在课堂上所学的理论变成实践能力。以 2018 年 1 月份为例，大约 240 名 MBA 二年级学生参加了教师带领实施的沉浸式实地课程，地点包括美国本土、日本、非洲、以色列及英国。在为期两至三周的课程时间中，学生们以团队为单位，参与公司的项目，开展活动，拓展对公司所处社会、经济和政治背景的认识。

5. 博士研究生创业课程内容与教学方法

哈佛大学的全日制博士学位分为 PhD(Doctor of Philosophy)和 DBA (Doctor of Business Administration)两种类型。前者包含商务经济哲学博士和组织行为哲学博士，后者包含战略商务管理博士和技术运行商务管理博士。博士教育课程由八大不同的课程计划组成，每个课程计划的具体课程均有所不同。每年的八月份入学，要求至少有两年的住校学习经历，学生要在四至五年内完成博士阶段学习。学生一般用两年至两年半时间完成课程学习，再用两年时间完成学位论文研究与写作。哈佛商学院的博士课程教学仍然以哈佛大学的特色——案例教学(Case Study)为主，博士生也同样有领导力开发实地浸入体验(FIELD)的机会。典型的课程内容包括如代表英特尔(Intel)到中国研究个人电脑市场。其全日制博士研究生 8 个课程的计划课程内容、教学方法、教学要求与评估等情况如表 4.4 所示。

4.4　哈佛大学部分博士课程情况

课程计划	课程内容	教学方法	教学要求与评估
会计与管理	商务管理理论、经济理论、量化研究方法、学术研讨会	案例教学及领导力开发实地浸入体验方法	完成 13 门博士课程及两门 MBA 选修课程的学习；完成一个学期的全部教学任务；书面和口头考试；学位论文
商务经济学	微观经济学理论、宏观经济学理论、概率统计、计量经济学、商业历史		课程学习、教学任务、学位资格考试和学位论文资格考试、学位论文
卫生政策与管理	微观经济学理论、管理学、研究方法、统计学、流行病学、卫生政策、政治分析、决策学、医学社会学、伦理学和经济学		课程学习、教学任务、学位资格考试(考试成绩达到 B 或 B^+ 以上)和学位论文资格考试、学位论文
管理	微观经济学、心理学、社会学、商务管理理论、研究方法、学术研讨会		
营销	微观经济学、心理学、社会学、商务管理理论、研究方法、学术研讨会		
组织行为	心理学理论与方法、社会学、商务管理、实证研究方法、微观组织行为		
战略	微观经济学理论、计量经济学、心理学、社会学、政治学、定性和定量研究方法、实地调查、数据分析、企业经济学		
技术与运营管理	企业管理理论、经济学理论、定量研究方法、运营研究、运营管理、经济学、工程学、组织行为、学术研讨会		

资料来源：https://www.hbs.edu/doctoral/Pages/default.aspx.

6. 在线创业教育课程(HBX)与教学方法

HBX这是哈佛商学院教师开发的网上教育项目平台。目前总共有12种课程项目,分别是:"准备就绪证书"(Credential of Readiness)、"成为一个更好的经理"(Becoming a Better Manager)、"商务分析"(Business Analytics)、"培养自己成领导"(Developing Yourself as a Leader)、"颠覆性策略"(Disruptive Strategy)、"经理人经济学"(Economics for Managers)、"创业基础"(Entrepreneurship Essentials)、"财经会计"(Financial Accounting)、"财经前瞻"(Leading with Finance)、"战略实施"(Strategy Execution)、"掌握谈判"(Negotiation Mastery)、"可持续商务策略"(Sustainable Business Strategy)。其中"颠覆性策略"的主讲人是颠覆性创新理念的创始人克莱顿·克里斯藤森。HBX平台的课程与一般的MOOC不同,虽然是在线课程,却仍然建立在案例教学基础之上,教师与学生之间的互动就像在现实的教室里授课一样。在2016～2017年,该平台学习者数量近10 000名,线上学习完成率超过85%,远远超过慕课的完成率。目前,该平台已有超过14 000名学习者,2018年春季平台在线直播7个单元的"管理你的职业发展"课程,以帮助年轻的从业者解答职业规划、进展和转变中的疑问。

7. 高层管理教育课程

哈佛大学高层管理教育提供一种浸入式学习经历。高层管理教育课程为高级行政管理人员提供重新评估职业目标、重新设定职业方向提供了机会。高管们完成课程后会带着新鲜的视角、新的领导技能和全球同行网络回到公司。

高层管理教育课程目前有三大类别:综合性的领导力课程、公开课程、定制课程,共9大课程体系,分别是:"非营利卓越管理"(Governing for Nonprofit Excellence;包含社会创业课程)、"加快精密医学创新"(Accelerating Innovation in Precision Medicine)、"总裁管理"(Owner/President Management)、"高级管理课程"、"房地产管理课程:财经、设计和领导力"、"行为经济学:理解和塑造顾客及员工行为"、"卫生保健服务管理"、"战略智商:创造更智慧的公司"、"管理未来的工作”。

4.2.5　哈佛大学创业教育资源与环境

1. 创业教育师资资源

哈佛商学院云集了世界最顶尖的商务和创业领域的教师。全院总共有 266 名教师，师资构成如表 4.5 所示。在这些教师中有 57%具有创业经历和背景。哈佛商学院的教师每年都有丰富的研究成果。以 2017～2018 学年为例：编写教材 617 部，发表研究论文 193 篇，撰写著作 18 部。哈佛商学院的教师得到广泛认同，包括高技能教育者、开创性的研究者和获奖著作作者。通过出版、咨询和教学，哈佛商学院教师利用他们的商务专长和实地研究推动商业实践的发展。

表 4.5　哈佛大学商学院师资构成情况表(2017～2018 年)

职位	男性	女性	总数
教授	81	21	102
贝克基金教授	5	2	7
管理实践教授	9	1	10
副教授	16	10	26
助理教授	28	15	43
访问教师	6	2	8
其他教学职位	46	14	60
其他研究职位	8	2	10
总　计	199	67	266

资料来源：http://www.hbs.edu/faculty/Pages/default.aspx.

哈佛商学院注重为教师营造教研氛围。学院为教师提供很多科研和教学方面的培训，为教师提供发展的空间。2010 年院长尼廷诺瑞亚推行“文化与社区倡议”(Culture and Community Initiative，简称 CCI)，目标是在商学院营造一种使教职工和学生能充分发挥潜力的文化氛围。在这种氛围中，商学院的教师满意度也非常高。根据学院的统计数据，大约有85%的教师对他们的教职表示满意，80%的教师对学院表示满意。这样高专业素养和高满意度的教师有利于在整个商学院甚至整个大学营造有助于学生创业的氛围。

2. 创业教育硬件资源与资金

(1) 创业实验室及创业中心

哈佛大学的创业教育虽然起步早，但是直到21世纪，才开始投入大量资金兴建创业相关的硬件设施。2003年哈佛大学批准建设由“风投之父”阿瑟·洛克(Arthur Rock)投资的创业中心。该中心现在是哈佛商学院重要的学生创业平台。它为有意向创业的学生提供帮助以及资金资助。洛克创业中心下设创意实验室、创业实验室、生命实验室、新创企业工作室。创业中心在 William Sahlman 和 Tom Eisenmann 教授以及 Jodi Gernon 主任的领导下，组织了一个由34位教授、副教授、助教和博士后组成的顾问团，其中包括16位教授。这些实验室为学生的创新和创业提供了足够的空间及人脉资源。洛克创业中心可提供课程供学生学习，其课程设置与 MBA 一样。此外，洛克中心还有其他一些特别的课程项目让学生参与——洛克加速器、洛克夏季项目、创业新兵训练营项目。另外，洛克中心每年举办学生创业大赛，奖金高达30万美元。洛克中心为学生营造轻松的创意和创业氛围，比如建立创意实验室。以下是其创意实验室某一天的真实场景：

> 实验室面积有几百平方米，室内宽敞明亮。实验室的地上铺有厚实的鸵色地毯，给人一种温馨而宁静的感觉。实验室里随意摆放着一些大桌子、椅子或者沙发，还有一些白板，将室内自然分隔成不同的区域。每个区域里的白板上都写满了文字，还画有一些箭头等符号。学生们三五成群地或坐或站，有的看着电脑，有的在拼接不同的纸样图片，或者在讨论，也有的只是在轻松地听音乐或打游戏。这样的场景在创意实验室里是很常见的。学生们有很多时候看似无所事事，但是他们其实只是在一种轻松的氛围里构思他们的创意。这种学习空间与传统的课堂是不一样的。

除了工学院和商学院的创业中心外，哈佛大学还在兴建一个新的创新走廊——企业地产园，作为促进创新、创业和经济发展的孵化器。该在建企业地产园毗邻哈佛商学院及工学院新区。这是哈佛大学为建立新的创新、合作和创业核心区块的、更宏大的规划。其目的是一方面与产业界合作进行研究活动以达到其学术目标，另一方面与当地大学、医院及各种商务机构和私人企业合作，以此来吸引丰富的创业活动，依托当地的科技和医疗保健机构，从而形成一个支持基于知识的、包含盈利和非营利新创企业的创新中心。企业地产园主任史蒂夫·费斯勒(Steve Fessler)与学校的领导层一起将园区打造为大学新创企业研究园地。他们正努力将哈佛大学新的创新创业核心区域的蓝图变为现实。

哈佛大学工程与应用科学学院(SEAS)，以下简称工程学院，也为开展创业教育兴建了不少硬件设施。工程学院的积极学习实验室利用当前最前沿的技术为学生提供动手实践、研究和设计的机会，从而为学生提供一种支持性的学习环境。工程学院还建有 TECH。这个中心协助系部开发和教授创新与创业课程，为创建哈佛大学创新社区的学生团体提供项目支持、资金赞助以及咨询服务。此外，该学院还有一个充满活力和生机的“创新空间”(Innovation Space)。这一部门为体验式的创新教育提供资源，通过组建创业项目团队的方式，为哈佛大学的本科生的学习与工作提供最初的实践环境。

(2) 资金支持

为了支持创业教育，哈佛商学院投入了大量资金。从 2014 到 2016 年，哈佛商学院的支出逐年递增，分别是 6.45 亿美元、6.6 亿美元和 7.04 亿美元。用于校园设施和新建筑的资本投资从 2015 财年的 0.81 亿美元上升到 2016 年的 1.13 亿美元。在 2017 年年度报告中，哈佛商学院院长尼廷·诺瑞亚(Nitin Nohria)对 2018 年的资金投入做出的规划是：首先，加大对“商学院基金”的投入。以支持哈佛商学院创新和创业活动。信息时代的教育离不开信息技术。哈佛商学院为创业教育提供了丰富的信息资源。信息技术集团与教师合作开发了 6 种仿真案例和 12 种多媒体案例模式。还开发了一种新的名为“myHBS”的学生端口，并且将哈佛商学院网络应用于云服务。这些投资每年大约有 4 000 万美元。其次，增加针对学生的奖学金和助学金的支持。最小化可行产品基金和暑期奖学金都可以用来支持学生的创业活动。目前创业大赛奖金也增加至 30 万美元。哈佛商学院还注重直接对学生进行经济资助。2016 年至 2017 年，商学院给予几乎一半的 MBA 学生总计近 3 900 万美元的资助，包括奖学金和其他奖金，生均奖学金达到 32 200 美元。

(3) 图书馆资源

哈佛大学的图书馆系统以哈佛广场的温得纳图书馆为中心。哈佛大学总共有将近 80 个独立的图书馆，藏书量超过 1 800 万册。根据美国图书馆协会的统计，哈佛大学的图书馆是美国最大的学术性图书馆，是世界最大的图书馆之一。

3. 人脉资源

除了拥有以上支持创新和创业的硬件设施和资金外，哈佛大学在其所在地波士顿还拥有强大的人脉资源。在哈佛商学院和肯尼迪政治学院攻读双学位的塞尔希奥说："在聚集了哈佛大学、麻省理工学院等众多名校的波士顿，经常会有各种创业论坛、会议或者名人讲座，几乎每天都有这样的活动便于你去发展和积累人脉资源。"不论是商学院还是工学院，其创业教育都将学生、教师、校外专家和校友联系在一起，形成一个强大的网络。这是哈佛大学创业教育的核心资源。据 2016 年的统计数据，哈佛商学院有 33%的毕业生在国外工作。自从商学院成立以来，其毕业生数量庞大，活跃在各行各业，尤其在金融领域比率最大。具体数据见表 4.6、表 4.7。

表 4.6　哈佛商学院毕业生情况

统计项目	数　　量
学院成立以来的毕业生数量	111 404
学院成立以来的 MBA 毕业生数量	63 130
在世毕业生	83 200(分布在 171 个国家)
在世 MBA 毕业生	46 054
在世高管毕业生	34 806
毕业生俱乐部和协会	106 个(分布在 48 个国家)

资料来源：https://www.hbs.edu/about/facts-and-figures/statistics/Pages/alumni-statistics.aspx.

表 4.7　商学院毕业生行业分布情况一览表(按行业划分)

行　业	百分比(%)
金融	23.8
专业服务	22.4
制造业	15
信息	9
零售贸易	5.4
教育服务	4.7
公共事业	4
房地产	4
保健/社会援助	2.8
农业	1.6
艺术/娱乐	1.4
建筑	1.5
交通	1.5
政府	1.1
酒店管理	1
个人服务	0.8

资料来源:https://www.hbs.edu/recruiting/data/Pages/entrepreneurship.aspx.

Samantha 是 2017 级 MBA 学生,她当初之所以选择哈佛商学院,首先看重的是商学院广泛的校友网络——成功的校友遍布世界各地。她说:“由于其校友人数庞大,哈佛商学院的学生与毕业于哈佛大学的雇主联系广泛。”其次是哈佛大学有世界一流的教授以及来自各行各业的、有思想的同学。这些都是哈佛商学院独特的人脉资源。

4. 管理政策与实践环境

哈佛大学的创业教育教学事务属于校长领导下的教务长的职责范围,而校园、设施建设则属于副教务长的职责范围。哈佛大学的创业教育主要集中在商学院。在教育教学、管理及政策支持方面,商学院有系统而全面的架构组织。

哈佛商学院2017年年度报告①将加强创新生态系统(Enhancing the Innovation Ecosystem)作为开篇导语。自从1947年哈佛商学院开设第一门创业课程以来,商学院一直将创业教育作为其重要的使命。尤其进入21世纪后,商学院越来越重视其创业教育。培养具有世界影响力的商业领袖,成为商学院在21世纪的使命。如今商学院的招生、课程设置(如开设全球高管课程及网络课程)及海外研究中心的设立都反映了其创业教育的全球战略。

哈佛商学院的现任院长尼廷·诺瑞亚从2010年起就担任商学院的院长。他是哈佛历史上第一位非本土出生的院长。这位印度裔院长的走马上任本身就被认为是具有改革性质的事件。除院长之外,有12个副院长作为管理教学的领导,还有14个主管行政的领导,具体情况如表4.8所示。

表4.8 哈佛商学院教学和管理人员表

主管事务 / 序号	教学领导	行政领导
1	HBX,教师战略管理与招聘	对外关系
2	部门领导与营销	行政管理
3	大学事务	教师及学术事务
4	战略金融策划	高管教育
5	文化与社区	行政及教育事务
6	商学院出版社	市场营销及联络
7	国际发展	人力资源
8	学术研究	商学院政策与计划
9	教师发展	财经
10	领导力	网络课程平台管理
11	博士项目	具体运行
12	高管教育	研究与教师发展
13		知识与图书馆服务
14		哈佛大学出版社

资料来源:https://www.hbs.edu/about/leadership/Pages/default.aspx.

① Harvard Business School. Annual Report 2017[EB/OL]. https://www.hbs.edu/about/Pages/default.aspx.

5. 教师与学生的关系

大学师生之间的关系首先表现在学术方面。哈佛大学阿瑟·洛克创业中心主管梅雷迪思说,所有的教师都在教学,又都在学习,包括学校的教职员工。哈佛大学聚集了世界顶尖的学者。哈佛大学有很多著名的教授,他们与学生的联系相当紧密。哈佛大学的教师除了正常的上课时间外,在每个学期的计划中都安排"office time",即帮助学生答疑解惑的固定时间(基本都是与学术相关的内容,如课程大纲解析、学习内容指导等)。一般是每周至少一天安排几小时在办公室与学生见面,与他们讨论与学习和研究有关的问题,为学生提供建议和指导。在本科阶段,多是研究助教或教学助教在"office time"帮助学生解答问题;而在硕士研究生及博士研究生阶段,因为涉及的问题可能会更深入、更具有差异性,因此在更多情况下是教授直接与学生沟通。哈佛大学 2013 级的本科生彼得·博耶斯说,除了经常上本学院教师的创业课程外,他还可在哈佛大学"创新实验室"(i-lab)的 19 位导师那里,获得关于创业各个阶段和方面的指导与帮助。哈佛大学工程学院 Tech 中心主任保罗·博蒂诺(Paul B. Bottino)致力于为本科生设置创业课程、主办创业大赛及孵化器的工作,并与 8 位商界成功人士共同组成导师创业团队,从理论与实践上指导本科生创业。对研究生来说,如一年级的 MBA 学生,一般教师每周给学生上四个小时的案例课程。除了上课,每周研究生都可以在教师的"office time"到教师所在的办公室讨论问题或寻求指导。即使在课堂上,突然被老师点名发言,也不会紧张,因为不论你的观点是什么,老师都会对你给予理解与支持。哈佛商学院目前大概有 278 名教师,充足的师资为师生间的密切交流提供了保障。

哈佛大学的教师不仅积极致力于教授学生前沿的科学知识,而且还十分注重与学生拉近距离,更好地了解学生,与学生保持良好的私人关系。2016 级 MBA 学生约瑟夫·阿贝尔(Joseph Abel)在谈到他与老师之间的关系时这样说道:"以前在校园里碰到教授,感觉还是有点紧张,而教授好像了解我的心情,会主动走过来与我打招呼聊一聊。后来我见到教授们就不紧张了。我最喜欢的专业课老师卡可达基(Kakoudaki)教授,她还经常会在周末邀请我们到她家里聚会。"

2011级的学生劳拉(Laura)回忆说,她的老师——纳达夫博士(Dr. Naddaff),到现在还记得她的名字,跟她保持邮件往来。在她毕业五年返校去拜访纳达夫教授时,教授给了她一个大大的拥抱,她和老师之间的关系仍然跟以前一样亲密。

4.2.6 哈佛大学案例总结

哈佛大学的创业教育在实施形式上,分为商学院集中实施和工学院普及实施两种。在其具体的创业教育模式中,创业教育的目标、创业课程的内容与方法以及创业教育的评估都以学习者群体不同的需求而不同。商学院的学习者是经济和商科背景的研究生,其创业教育课程内容主要与财经、管理等有关,教学方法是以分析企业面临的各种复杂问题为特征的案例教学,以及实地浸入体验方法;工学院的创业课程针对多种专业的本科生开放,学生很多具有理工科背景,其创业教育方法主要是实验与实训,培养学生的创新力和动手实践能力;哈佛大学的师资、图书、硬件资源平台及人脉资源为创业教育提供了丰富的途径和优越的条件,并且其融洽的师生关系和丰富的社会联系为学生的创业教育提供了环境支持。哈佛大学根深蒂固的精英教育思想也对其创业教育模式产生了影响。其创业教育目标是培养世界创新创业舞台上的领导者,而其核心创业课程在评估时也常常采用非常严格的书面考试形式。

4.3 马里兰大学创业教育实践模式案例

马里兰大学位于美国东部马里兰州,毗邻首都华盛顿。马里兰大学是美国一所著名的公立研究型大学。马里兰大学帕克分校是美国30所公立常春藤盟校之一。学校有4万多名学生,1万多名教职员工以及3.5万多名毕业生,追求思想创新已融入每个在读和毕业的学生的心中。马里兰大学致力于追求学术卓越以及创业,是全美第一个“为善校园”(Do Good Campus)。多种数据显示美国马里兰大学是全美发展速度最快的创新创业实体之一。在过去 25 年里，马里兰大学产生 400 项专利，向企业转移 500 项技术，每年创造约 130 项发明（大约每 3 天一项），每年创立约 5 个技术型新创企业①。2015 年，在全美创新型大学排名中美国马里兰大学上升到第 4 位②。马里兰大学的创业教育，尤其是针对本科生的创业教育成为美国研究型大学的典范。《美国新闻与世界报道》《普林斯顿评论》和《企业家杂志》将其列为全美创业教育顶尖学校③。到目前为止，马里兰大学已连续 3 年名列全美创新创业前十名榜单，2018 年被评为全美最好的创业大学之一。

4.3.1　马里兰大学创业教育背景

马里兰大学是美国著名高水平、综合型的公立大学，学科门类齐全。仅本科生教育中就有 90 个专业，学校不仅设有工程、建筑、农业、自然科学、信息学及公共卫生等理工科类专业，还有艺术、心理学、商学、教育及公共政策等人文社科类专业。以马里兰大学为案例开展研究，可以在更广阔的专业领域内为促进我国高等院校创新创业教育的发展提供积极的参考。据 2017 年统计，马里兰大学学生总人数为 40 521 名，其中本科生为 29 868 名。

马里兰大学的本科生人数众多，并且每年平均入学新生大约有 4 155 名。面对庞大的本科生比例以及每年数量众多的大学一年级新生，马里兰大学自 2014 年起实施 FIRE(First-Year Innovation and Research Experience)项目，该项目切合马里兰大学的实际情况，与之前新生开展的“习明纳”(Seminar)等实践形式有某些相同之处，然而其不同之处在于 FIRE 致力于提升大一新生的创新和创业能力，并且形成了一套完整的运作体系，这是之前其他新生入学教育项目所无法比拟的。FIRE 项目的实施旨在通过将新生纳入创新创业教育，提

① University of Maryland. Division of research[EB/OL]. http://www.research.umd.edu/innovation.

② Top 10 Most Innovative National Universities[EB/OL]. http://www.usnews.com/education/best-colleges/slideshows/top-10-most-innovative-national-universities/2.

③ UMD I&E RANKINGS. University of Maryland[EB/OL]. http://innovation.umd.edu/about/ie-rankings-and-impact/.

升他们的学习体验和满意度，从而帮助他们更顺利地适应大学的环境，为以后的校园学习和生活奠定基础。本科生的创新创业教育成为马里兰大学创业教育的重点，现在由校长领导、教务长负责的大一新生创新创业教育已成为马里兰大学创新创业教育的特色之一。

4.3.2 马里兰大学创业教育目标

1. 总体目标

大胆创新（Innovate Fearlessly）的口号一直是创新创业学院主页上的标志。马里兰大学明确其创业教育目标是在校园中培养大胆创新的人才，以创新和打破常规带来新的变化，为学生解决世界难题做好准备。其创业教育人才培养的立足点是创新力的培养。2010 年秋马里兰大学时任校长华莱士罗（Wallace Louh）上任时，美国 2008 年次贷危机的阴影尚未消散，面对美国当时的经济、财政和政治形势，他制订了"旗舰 2020"计划。2012 年，马里兰大学创新创业学院（Academy for Innovation and Entrepreneurship，简称 AIE）开始在全校范围内运行，集中负责大学创业教育的教学和管理工作。在 2016 年的五年工作报告中，校长华莱士罗提出马里兰大学的使命包括科学研究、艺术创新、促进本州经济发展及提升世界影响力等方面；在行动纲领中也体现了创业元素及培育创新与合作的文化。

马里兰大学的 FIRE 项目是实施"旗舰 2020"这一计划的重要组成部分之一。马里兰大学新生创新研究项目 FIRE 设计的出发点是围绕大学新生从中学到大学的转型需要，将培养学生的创新能力与培养学生的大学生活能力相结合。这也体现了人本主义教育思想中学习与生活不可分割的理念。参加 FIRE 项目的学生在获得学分的同时，将在真实的研究情境中发展批判性思维、创新探索能力、实验设计能力、解决问题能力、领导力及学术交流能力。同时马里兰大学于 2015 年启动了"Living and Learning"项目，这个项目直接由管理本科生教育的副教务长负责，访谈提纲见附录 3。

> 这个项目有多个不同目的，但是其中一个重要目的是帮助本科生从中学生成功转型为大学生。参加这个项目的学生住在一起，一起上课，并且有相似的兴趣爱好，通过这种方式，新生能在同伴中找到社交支持。项目中的课程主任及住校职员非常称职，他们会检查学生的情况，如果学生在从中学到大学的转型中遇到困难，他们会与学生会面，他们在学生课余时间里逐渐了解学生。(I6)

除此之外，马里兰大学工程学院(A. F. James Clark School of Engineering)也有很多创业教育项目，如EIP等。马里兰大学工程学院EIP项目设计者认为创业是一种非常好的自我表达和自我实现的方式。马里兰大学工程学院对其创业教育使命的诠释是：培养学生的创业精神，在创业教育中创设一种社区与合作意识，以及培养具有道德修养和创新力的国家领导人才。马里兰大学工程学院的技术企业学院、技术商业化办公室、马里兰小企业技术发展中心及丁曼创业中心也负责部分创新创业课程教学及管理，这些机构和部门的目标是通过实践平台将学生的创业思想和创意变成实际的技术和产品，将学生培养成真正的CEO。

2. 课程目标

马里兰大学创业教育课程培养目标的总的指导思想分两类。第一类是设计思维。该目标下的课程教育从辨别和理解问题与需求出发，培养学生创新意识和创造力。在对这些课程的学习中，具有不同技能、经历、文化和观点的学生以团队形式合作，产生新的思想和创意以互相进步。设计思维最终要达到的目标不只是实际的产品，而可能是解决问题的办法、服务或者是一种经历。第二类是精益创业。这类目标下的课程教育是一种从发现客户开始的迭代创业过程，要求学生走出教室、离开校园去访问潜在客户和利益相关者，了解他们在市场和社会上遇到的问题，确立商务模式的关键组成部分，从而大大降低新创企业的风险。精益创业教育的最终目标是培养学生的创业技能。

创新创业学院(AIE)将不断地创新与创业作为其最重要的使命。AIE为学生提供实践创新的机会，将他们的思想大胆地应用于各种不同领域和学科。AIE的创业教育课程对创新的解读是广义的。大胆创新思想类课程并不是只为创立企业，其目标是培养创新人才，使其具有解决困难问题的必需的技能和意识。目前 AIE 有 150 门课程，分布在 35 个系部，全校学生中有超过三分之一的学生报名参加这些课程的学习及相关课外活动。这些课程的具体目标以培养学生的能力为导向。

以 AIE 的 24 门“大胆设想课程”(Fearless Idea Courses)为例，主要培养学生以下能力：具有创造性的思维，利用科技促进可持续发展，针对市场和社会的建筑及桥梁等设施的设计，运用艺术和文化促进社区环境、经济和社会的可持续发展，研究制定与食品相关的政策、措施以促进健康与食品安全，提升学生抵制暴力极端主义的理论水平及相关策略，国际发展和冲突管理行业所需的研究、分析、创新与创业能力培养，工程设计、医疗技术创新及专利法规等团队合作和项目设计能力培养，以及与创立企业相关的设计和产品开发等商务能力培养。

马里兰大学工程学院下属的马里兰技术企业学院(Maryland Technology Enterprise Institute，简称 Mtech) 还有一个名为技术创业的辅修专业。其目标是让学生牢固掌握创业程序及思想意识，培养学生成功创办科技企业、创造改变人类生活的产品及服务。

4.3.3 创业教育学习者

在马里兰大学考察期间，笔者特意观察和分析了马里兰大学创业教育中学习者群体情况。调查结果显示，马里兰大学创业教育从课程设置到资源配置与环境的创设都是以学生为中心的。让笔者感到吃惊的是管理学生事务的副校长办公室竟由多达 15 个部门的超过 1 500 名工作人员构成。其中学生事务部门的管理人员(Department of Student Affairs)对其工作的宗旨理解都是一切以学生为中心。

我们注重为学生提供客户定制式的服务，我们负责为学生继续提供及提升设施、服务与课程的质量。(I7)

虽然我们部门不直接开设创业课程，但是我知道很多学生参与创业课程。至于为什么学校要开设这些课程，我想那是因为学生们喜欢

这些课程。(I8)

马里兰大学创业课程的学习者群体在专业、学位及年龄方面都呈现出多样性。马里兰大学的创业教育对全校学生开放，创业活动也是全校本科生和研究生都可以参加的，但是创业课程从参与人数和课程设置来看以本科生为主要对象。创新创业学院明确表示所有对创新创业感兴趣的学生都可以参加该学院课程的学习。创新创业学院为具有不同经历和目标的学生提供了一系列课程。有些课程针对之前没有任何创新项目经验的学生，有些课程专为练习创业实践的学生而设置。

马里兰大学工程学院下设的马里兰技术企业学院(Mtech)的创业教育课程学习者有多个不同群体。不论是初中生、高中生、本科生还是研究生或者是企业主管，Mtech都为其量身定制一系列的创新与创业课程。首先，针对初中一年级和二年级的学生开设夏季创业课程，而针对高中生的夏季创业课程则更多。其次，Mtech很多课程针对本科生开设。其中创业与创新课程项目(EIP)针对马里兰大学荣誉学院的新生和二年级学生。该课程项目不限定学生专业，参与该课程项目的学生将近一半学习的是非技术专业，包括商务、心理学、音乐、英语、教育和政治专业。参加EIP课程项目的学生是一些由不同专业和人口统计背景的本科生组成的小组。针对全校本科生的还有Mtech主办的名为技术创业的辅修专业(Minor in Technology Entrepreneurship)，以及一门免费的创业慕课课程。另外，在学位层次上，针对研究生设有技术创业职业研究硕士课程，培养研究生成立新创企业及领导大型企业的能力。Mtech还向企业高管提供收费的在线研究生学位的创业教育课程。而三个学位层次都有的是Mtech的生物技术研究与教育课程项目(Biotechnology Research and Education Program，简称BREP)。其学生层次分为学士、硕士和博士三种不同类型。

隶属于商学院的丁曼创业中心(Dingman Center for Entrepreneurship)开设40门课，商学院的本科生、硕士生和博士生都有相应的课程，其中有5门课是本科生与研究生都可以参加的。丁曼创业中心目前还有一门专门针对女性本科学生的创业课程。突出了其对女性创业教育学习者群体的重视。

马里兰大学创业教育学习者的多样性从Mtech举办的某次创业活动可窥见一斑：工程学院“新创企业外壳”(Startup Shell，一个学生组织掌管的创业活动场地及孵化器)举办创业活动的现场，有很多学生展示他们的创业设计，也有很多参观的学生。他们的专业五花八门:英语、商学、工程,既有本科生也有研究生。一位活动组织者告诉我只要对创业感兴趣的学生都可以参加活动,展示与参观皆可。

> 是的,确实如此。到我们这里参与产品设计和开发的学生专业是各式各样的,很多是人文学科的,其中甚至还有历史系的学生。(I9)

4.3.4 创业教育课程与方法

1. 创业教育课程

马里兰大学将创新创业融入其核心课程中。共开设了 300 门与创业有关的课程,涉及全校 12 个学院。创新创业课程主要集中在创新创业学院、工程学院和商学院,其他院系也有少量的创业课程。

(1) 创新创业学院课程项目

创新创业学院共有 75 门创新创业课程,其中完全属于创新创业学院的有 23 门,其他 52 门则是创新创业学院与其他学院合办的课程。以 2015～2016 学年为例,全校有 2 770 名学生注册参加创新创业学院的课程。这些课程由 103 名来自 34 个不同系部的教师承担。创新创业学院的课程分为两大类。第一类是“设计思想”(Design Thinking),第二类是“精益创业”(Lean Startup)。第一类课程重点是培养学生的创新和创造力,而第二类课程主要培养学生的创业能力。这些课程是新开设的或者经过改进的与创新创业有关的体验式课程。这些课程为学生提供机会,让他们在不同领域与学科中大胆设想并锻炼他们的创新力。

创新创业学院为锻炼学生的创新力,帮助学生探索解决各学科领域棘手问题,邀请来自全校的多学科教师团队,设置了一批独具特色的“大胆设想”(Fearless Ideas)课程。这些课程及其主要内容如表 4.9 所示。

表 4.9　马里兰大学创新创业学院课程

课程名称	课程内容
成为一个思考者——创新的意识和工具	提升学生创造力和自信心。让学生学习如何以设计者的视角看待世界。课程有 1 个学分,对所有专业学生开放
生态学设计思想	学生学习如何在团队环境下自由地创造思想,将新鲜的思想应用于真实的组织需求;学习如何正确利用技术实现生态系统的可持续性;从客户中寻找建设性的反馈意见以提升设计效果
设计实践	通过积极参与合作项目,将设计思想介绍给学生。在前半学期,学生团队开始动手设计与原型大小一致的模型;在后半学期,对深入学习建筑实践感兴趣的学生利用数字工具设计产品,对创业感兴趣的学生则利用精益创业模型设计将产品推向市场的方案
建筑和城市生活垂直工作室	这是一个将本科生与研究生连接起来的工作室,对城市设计项目进行合作研究。2014 年春季学期学校与社区利益相关者合作,对马里兰州梳士巴利市区的重新发展提出计划。通过前期的研究实践及一系列的基于社区的设计工作,探索文化、社会和生态系统的关系。该门课程将解决城市设计基本理论、持续发展及建筑设计等问题
桥梁设计和新型可持续技术	本课程将桥梁设计与社区及其居民联系起来。通过新的、具有创造性的设计,在解决桥梁老化的同时改变社区,利于人文及自然环境改善
创造性空间——公共艺术与设计	向学生介绍创造性空间的设计概念,运用艺术和文化作为催化剂复兴社区,搭建社区利益相关者之间的桥梁,探索具有挑战性的与空间有关的解决社会、政治和环境问题的方法。来自多学科的学生将学习运用设计思维聚焦公共空间分析。教师教授学生熟练运用分析、创新和组织等技能
食物、健康和可持续性	通过运用模型和设计思维探索食物与健康之间的关系,制定相关政策、措施和程序,为当地的食品体系带来系统的变化及提升保健、食品安全和健康水平。该门课程强调对文化可持续性的理解,让学生面对多样的体系与结构性问题的挑战,寻求解决不曾预料的问题的办法

续表

课程名称	课程内容
卫生行业写作	本课程为学生解决现实生活问题提供培训和支持。学生将学习如何研究社区居民，从而真实地、深刻地理解他们的保健问题；学习如何设计大胆、创新的办法解决社区问题；学习如何利用写作来管理项目进展及向利益相关者传达解决办法
反暴力极端主义的创新	本课程将解答如何创新对抗极端主义组织的方法。利用设计思维创新解决复杂问题的过程，组织学生探索对抗暴力极端主义的理论与策略，学生们将基于真实的社区情境和需求，研究社区延展项目、社区建设项目及逆向意识形态项目
创业与和平发展行动的创新与设计	本门课程将培养学生的国际发展与冲突管理行业所需要的研究、分析、创新与创业能力。通过深入的、基于问题和创意创造的过程，学生将学习实际的、有应用价值的知识和技能。学生用大量课堂时间进行项目小组工作坊式的学习，他们将发现、形成并提出针对当前问题的具有新意的解决办法。项目团队将在最后的专题讨论会上，当着发展与冲突管理决策者和实施者的面，陈述他们的理念。本门课程结束时，学生将具备解决问题的能力
设计与质量	本门课程所涉及的商务、工程和科学领域的学生将学习设计思维、质量管理、系统设计和程序改进方法。本课程是具有高度合作性的动手实践课程。通过团队合作形成开发新产品的思路并且通过潜在客户检验这些思路。学生们在这门课程中还将学习、分析现存的程序，并且通过一系列的校园服务及与校园内的客户合作，找到改进这些程序的方法
体验式创业	这是一门创业竞赛形式的课程。学生创办真实的企业，获利最多的学生将获得“A”。在推动学生创业的过程中，使学生开发切实可行的产品并在市场上快速而有效地进行实验。此外，团队每周都有具体任务。通过积分、奖励等形式形成良好的学习氛围。最终的成绩以每个学生最好的等级确定，依据是其所获得的资金和积分

续表

课程名称	课程内容
高等教育商业模式创新	这门课程主要针对商学院教师。商学院教师组成团队与优秀的学生一起创新商学院的课程。本课程为教师提供咨询服务，运用创新思维改进或重新设置课程。除了开展管理咨询外，本门课程邀请来自商业、政府和大学的领导者共同讨论大学生如何学习、大学最好的课程内容是什么以及评估高等教育模式等问题
特别话题——大胆地创立新企业	本门课程指导学生将创业思想付诸实施。运用精益创业方法，学生学习形成创业设想的策略、框架和工具。这是一门体验式课程，将创业分为三个阶段——思考、孵化和创立企业，从而消解创立企业的神秘感。参与这门课程的学生还可以获得将近 2 500 美元的资助
创新与创业的创造力	本课程中学生团队相互合作并设计新一代户外装备。在改进原型时，野外实地考察将有助于学生深入了解顾客，证实设想的可行性。学生们将在教室之外检测和重新定义他们的设想。3D 打印和扫描将学生的设想变成真实的实物，并争取得到实际资金支持及展示所设计的装备
社会创业实验	本门课程为学生创建一个良好的学习环境，去检验他们的社会创业假设并形成对社会创业领域的深刻理解。学生团队将通过实验、文件研究及企业反馈等途径反复验证他们解决社会问题的设想，开发可行性产品并展示成果
通过系统思考与设计创造未来	本门课程聚焦于运用设计思维策略及方法创造实用而创新的产品和服务。通过互动的思想设计、问题解决办法、非线性思维工具、特别的视角、原型设计及战略探索工具等学习内容，学生将探索和经历设计过程，以创造新的价值。本课程强调多学科及合作视角的重要性，这样的视角认同效率与效果之间的平衡、计划与行动之间的平衡、风险及回报之间的平衡、必要性与有用性之间的平衡以及短期与长期意义之间的平衡。本课程基于团队合作，具有高度互动性，并且以现实为中心。学生将学习如何通过创造具有竞争力的思想和途径积极地影响未来

续表

课程名称	课程内容
高级设计:创业法规与伦理问题	这是一门跨两学期的设计课程。课程包含工程设计有关原理、医疗技术创新设计方法、经济学设计、工程学伦理以及专利法规等。本课程还帮助学生学习团队合作相关事宜及写作项目设计书
发现新企业——创业的基础	本门课程是网络在线课程,课程内容是帮助有志成为企业家的学习者将设想变成现实。本课程运用客观发现原则和精益创业方法,让学生开发具有创新意义的产品,教授内容包含:创业视角、创业动机和行为、产业分析、顾客分析、商务模式及商务计划。学生对企业创立的周期形成一定的认识。在线课程形式包括互动的视频讲座和视频会议、讨论。学生可获得三种奖学金
完整的产品与程序开发	本门课程是高端机械工程设计课程。学生们通过团队合作解决现实问题,为真实的顾客设计原型、建造产品、提供服务。学生们在学期结束时,向来自产业界的评委陈述上述成果,并现场回答问题
重新设计医疗保健,创立满足社区需求的诊所	本门课程为有志于医疗保健体系改革的学习者而设计。在课程学习过程中,学生在社区实体诊所直接接触病人,了解他们的问题,制定系统的解决办法。本科生与研究生、教师及医生们开展合作,让学生重新审视如何为弱势群体提供医疗保健
创新与社会变革	本门课程为学生们介绍社会变革的概念,同时探索产生社会影响力的多种机制。本门课程基于团队合作,具有高度互动性。本门课程为学生提供机会去解决当今社区面临的问题,加深学生对创新创业实践的认识,培养学生的创造性和执行力。课程中的项目主题包括:项目管理、团队管理、集资与发展合伙人、领导技能等
大学的学习	本门课程为学生介绍学生应具有的学术经历,使学生积极提高学习技能,达到所学课程的要求,为他们在大学的成功学习奠定基础
可持续性与设计	本课程要解决的主要问题是如何说服私营企业主采取有效的能源措施以保护环境,促进可持续发展。来自各专业的学生帮助霍华德郡开发应对环境问题的可持续性解决方案。学生们将与霍华德郡公共管理部门官员和企业主们合作,设计并提出鼓励私人企业节约能源的最佳方法

资料来源:http://innovation.umd.edu/learn/fearless-ideas-courses/.

创新创业学院还针对各组织高管量身定制创新工作坊，如美国卫生部和社会福利部思想实验室和美国司法部概念实验室。这些工作坊将精益创业与设计思想组合在一起，帮助来自这些组织的团队推进他们的创新项目。这两类课程的教学方法都与体验式教学有关。课程的教学基于学生的发现与探索，让学生去寻找、访问和观察创新创业领域中的人，以便深入了解现实世界中的问题。在这样的体验式教学中，学生快速、反复地验证很多概念，从成功的案例中学习，更重要的是从失败的案例中学习，直至他们最终找到创新性的解决办法。

(2) 工程学院创业教育课程

马里兰大学工程学院下设的马里兰技术企业学院(Mtech)的创业课程可满足从初中生、高中生、本科生、研究生到企业主管的多层次学习者的需求。

在大学前课程中，Mtech 有针对初中生而设置的夏季课程——“设计你自己的企业”(Designing Your Own Business)。这门课程是为目前七年级或八年级学生而设置的，这些学生对基本商业知识、策略及商业领导技能感兴趣，而这些知识和技能是创立新企业所必需的。Mtech 还有针对高中生的三门创业课程。“发现新企业——创业基础”(Discovering New Ventures-Foundations in Entrepreneurship)这门夏季课程为对设计和创立新公司感兴趣的学生设置。在这门课程里，通过团队合作，学生探索新创公司有关话题，以设计一个新企业。这门多学科的课程帮助学生学习创立新企业所需的商务基础知识、策略及领导技能、机会识别及技能评估。学生学习的主题包括：如何评估新创企业的可行性、创业的最佳方案、新企业的管理及应对不确定性的模式。“高科技产品开发及市场营销”(Introduction to High-Tech Product Development and Marketing)夏季课程针对的学生，是对新的高科技产品设计、开发和营销感兴趣的学生。“生物制药”(Biopharmaceutical Production)夏季课程引领学生们开展团队合作，激发创立生物技术公司的思想。在教学上，注重让学生在课堂上体验生物制药的过程。

Mtech 目前针对本科生的创业课程有 19 门，内容涵盖创新创业基础、企业家交际必备技巧、当前创新创业的问题、科技企业创业机会分析、决策、产品营销及创新，高科技企业创新创业的融资及法律法规问题，国际化视野下的创新创业、社会创业实习等方面。

Mtech 的本科生创业课程不仅涵盖各领域的创业内容，而且贯穿从创业基础、创业决策到创业相关法律知识学习、技能培养等全过程。“发现新企业——

创业基础”课程是一门多学科课程，教授学生创立企业的基本知识、策略和领导才能，学生在团队合作中学习创立新企业。在“企业家交际必备技巧”这门课程中，学生学习做商务报告必需的程序与技巧，聚焦于如何研究公司、基于演说目标组织材料、分析听众、准备信息量丰富的报告等技能，重在口头交际。“创业创新基础”课程聚焦培养学生的创业意识以及介绍基本创业原则和术语。而“当前创业创新的问题”课程通过互动的讲座、工作坊及案例启发学生创新，激发学生创造力。这些课程内容包括能源、生命科学、医疗保健和科技。“创业机会分析与21世纪科技企业决策”课程是一门帮助本科生学习创业机会、原则和培养在日益科技化的社会中的决策能力的课程。“创业的法律问题”课程强调建立新企业时面临的法律和商务问题。本课程探索企业家从创业到成功过程中的问题，再现现实场景，解决其中的法律及商务问题。本课程将重点放在新企业的形成、知识产权的管理及金融方面。“社会创业实践”课程通过发展创新的盈利产品与服务，提升学生战略性的能力与领导技能，这些产品与服务具有社会效应。顶尖社会创业企业可获得部分 Mtech 种子基金。

Mtech 创业课程的一个显著特点是突出科技领域的创业教育。“科技企业的领导及融资”聚焦于新创科技企业的领导与融资面临的挑战。课程讨论的议题包括：团队的组织形成、与团队成员的贡献相结合的奖励；企业创立者的早期决策对后来成就的影响；新创科技企业建立强大财政基础的工具与措施，包括会计原则及保持财政可控性；可能阻碍企业成功的金融障碍及如何将科技企业的概念变为现实。“技术型新创企业”课程从创业基础技能到高级创业机会分析，运用认知理论框架检验学习动机、情感与信息加工模式的整合，以便在高速发展的科技企业环境中做出创业决策，课程过程是对创业认知理论与方法的有趣探索。“科技新创企业基础”课程既是一门线上课程又是一门线下课程。本门课程帮助学生学习科技新创企业的创立和管理所需技能，重点是商业计划书的开发。“科技企业创业机会分析”高级课程运用认知理论框架，检验快速发展的科技企业动机、情感和信息整合的加工模式。本门课程是一门有信息量并有趣的创业认知探索。“高科技产品市场营销和创新”课程在概念讨论和应用分析之间寻求平衡，提高在不确定的环境中的高科技产品营销的快速决策能力。“创新管理策略”课程强调科技企业主利用好创新和技术战略管理，以提升公司的业绩。本门课程帮助学生理解技术变革的过程、公司创新的方式及公司形成策略的过程。“创业的特殊话题”课程由一系列研讨会和基于案例的课程组成。

本课程主要讨论科技企业的创立与管理，这一课程还包括不同学科科技企业问题的讨论，如化学和生命科学。

Mtech 创业课程还突出培养学生国际化视野下的创业能力。“探索国际创业创新”课程从国际化视角为学生介绍创业与创新的机会与挑战。邀请具有国际创业经历的嘉宾以讲座形式授课。“国际创业与创新”课程聚焦每位企业家和创新者对全球市场需求的理解，以及企业家如何通过应对国际竞争者、供应商等从而在国内市场具有竞争力。培养学生在本门课程中有效识别和管理国际环境下的创业创新机遇。

此外，Mtech 创业课程还突出体现了创新的特色。“创业设计思想”课程探索运用设计思想去开发以顾客为中心的问题解决办法，注重组织内部的可持续发展。本课程通过互动的讲座、讨论以及动手实践、基于团队的活动，让学生学习设计思想策略并运用这些策略寻找创新产品和改善客户服务的解决办法。“创业的特殊话题——创新思维”课程帮助本科生学习提高他们思维的灵活性与原创性、探索保持创新的多重方法。本课程涵盖内容包括个体思维、日常创造力、创造性思维技巧、团队组织技巧及知识产权等。“创业的特殊话题——大型科技企业”课程讨论大型企业创业对现存企业的复兴和发展的价值，以及为提高竞争力而提升创新的实践。本课程探索了大型企业发展新创公司、开发新产品及服务、提升竞争力等的策略。

Mtech 还与马里兰大学的荣誉学院合作了一个创业创新课程系列(Entrepreneurship & Innovation Program，简称 EIP)。这一课程系列针对的是马里兰大学的一年级和二年级本科生。该课程由一些具有广泛学术、职业和创业经验的教师进行小班教学。参加该课程的学生还享有学校提供的其他各种教育机会。这一课程系列由四门课程构成，共 9 个学分。这一课程系列还要求学生获得“荣誉研讨会”的 6 个学分。所选课程必须完成才能获得表彰。参加“荣誉研讨会”和课程学习是达到毕业要求的极好方式，这些课程还可以满足通识教育的相关要求。第一门课程“创业与创新基础”在一年级第一学期开设，采用研讨会形式。本课程聚焦于培养学生的创业意识、介绍基本的创业原则和专业术语。在一年级第二学期，开设“当代创业创新问题”课程。该课程通过互动的讲座、工作坊、案例学习等激发学生的创新与创造力。讨论议题包括能源、生命科学、医疗保健和科技。本课程有 3 个学分。二年级第一学期开设“探索国际创业与创新课程”。该课程从国际视角出发，为学生介绍创业和创新的机遇与挑战。授课方式采用讲座以及具有国际创业经验的嘉宾演讲形式。本课程也有3个学分。二年级第二学期开设“创立有社会影响力的企业”课程。本课程关注如何以技术的可行性和环境的可持续性方式处理关键的社会和环境问题。本课程有2个学分。

Mtech针对研究生的课程目前有12门,包括一门网络在线课程。“科技新创企业基础”课程带领学生探索如何评估新创企业的可行性及最佳的计划、创立和管理新企业的实践途径。“创新思想和概念形成”课程聚焦科技新创企业机会评估和分析的内容、方法和模式。“管理创新策略”课程强调创新型领导如何使用创新和技术管理策略,以提升企业业绩。本门课程帮助学生理解技术变革、创新方式及策略,为学生提供分析企业关系要素的框架。“商务模式及顾客确认”课程聚焦于如何对顾客传递价值及如何持续提炼企业的价值;如何开发商业模式,包括产品、服务、顾客及企业目标。“创新思维”课程介绍新的推动形成具有创新性的解决问题的办法。参加课程学习的学生将重新认识他们个体思维的偏好、身份,提升他们的交流与团队合作技能。在本门课程中学生释放他们潜在的创造力,探索解决难题的途径。“创造性设计、原型塑造及检验”课程引领学生体验从思维设计开始直到产品和服务检验的全过程。本课程在讨论工程设计、机械设计、工业设计及新产品开发中强调跨学科整合。“市场开发与商业推广”课程讲解基于科技的产品和服务的推广中关键的营销概念。本课程教授学生识别市场机会、理解顾客偏好、评估市场接受能力及设计合适的市场推广策略。“大型企业技术创新”课程深入考察大型企业创新过程以及经理和大型企业家面临的独特问题与机遇,这些问题涵盖从机会识别到新企业创立的整个过程。“金融管理和新企业金融”课程教授学生为新创科技企业建立强大的金融基础的工具和方法。本门课程讨论会计原则以及保持对公司金融进行控制的方式,深入考察企业金融障碍及如何在适当的时候,通过适当的来源,适当地提高资金投入。“企业的法律问题”课程重点说明企业家创立新企业时面临的法律和商务问题。本门课程探索真实商务场景,解决从创意到成功过程中面临的重要法律问题。特别强调新企业的形成、知识产权的管理及金融安排。“创立科技企业”课程帮助学生学习创立和管理科技企业的程序和技能。学生们将讨论科技创业者面临的一系列问题,以让学生学会应对不确定性。

Mtech还设有一门研究生课程——网络在线科技创业。本门课程教授研究生成立和领导新创企业的方法。本门课程的独特体验式教学模式是将视频教学与指导、全球网络机会、与顶尖投资人洽谈等融于一体。这门课程是完全的网上课程。学生们从有名望的、有创业经验的教师那里获得知识，从尝试和错误中学习。注册本门课程的学生遍布世界各地，学生们可以与世界各地的同伴分享机会与思想，这样的全球网络机会可培养持久的个人与职业关系，有助于培育全球性的新企业。

(3) 新生创新创业课程

全校性的新生创新创业课程项目(The First-Year Innovation & Research Experience，简称 FIRE)的设立是马里兰大学校长领导的、教务长负责的面向全校本科新生的促进其创新创业的举措。

虽然 FIRE 在某些方面借鉴了德克萨斯大学的 FRI(Freshman Research Initiative)，但是 FIRE 项目开发出了一套更成熟而系统的体系，具有其独特的风格。作为一门新兴的项目其本身就具有创新意义。马里兰大学建有多所和创新创业有关的机构，如“技术商业化办公室”“马里兰小型企业技术发展中心”“创新创业学院”等；开设了多门创新创业课程；每年举办创业活动月(30 Days of Entrepreneurship)，同时举办学生创新作品展暨创业投资对接会。此外，学校还鼓励教师在教学课程等方面进行合作和创新，这些都为刚进校园的大一新生创新提供了良好的氛围。FIRE 项目的主要内容与特点有以下几方面：

① FIRE 具有学科群落多样性特点。FIRE 项目构建了理工科与人文、艺术及社科专业间的跨界合作研究。大多数院校的新生创新课程面向的学生来自 STEM 即科学、技术、工程学及数学等专业，而马里兰大学的 FIRE 项目倡导基于理工科的创新和研究，并结合非理工科类的专业知识和视角，来营造一种真正的多学科交叉的、强调探究的研究氛围。这与国内一些文献提出在大学创新教育中开设通识课程或文化素质教育课程不谋而合。大学的各个专业在大学教育这个生态系统里是相互依存、相互作用的群落，FIRE 项目倡导的理工科与人文、艺术及社科各专业间的跨学科合作的理念遵循创新生态系统的特性，有利于知识在整个创新生态系统里的流动、扩散和运用。

② FIRE 项目具有群落共生性特点。FIRE 项目里多个创新群落的主体间合作、互动紧密。第一，导师以项目为依托将学生置于真实研究情境之中，并为学生提供广泛的指导——包括个人、学术、科研、职业等多个领域；第二，打破院

系分割，学生与学校各层面——同学、老师、学院、系部和大学紧密联系；第三，各研究小组中的成员、导师和教师合作密切。日益复杂的产品、服务和经历使得“神话中的、孤独的创新英雄”被“现实中充满热情的、交叉学科的合作者”所替代[①]。马里兰大学多学科背景的合作者们在以课程、科研、实验、实习、竞赛等平台为依托构建的创新生态环境中，相互联系与合作，形成良性互动的生态群落。

③ FIRE 项目人员构成体现了组织的成长性特点。FIRE 项目的各研究小组在人员组成上有统一的结构。新生不论成绩优劣皆可参与研究小组。每个小组除了大约 30 名新生成员外，至少还有一名教师、一名获得过博士学位层次的学者，还有一群训练有素的本科生作同辈导师。相比于美国其他院校，如德克萨斯大学只有一名导师，马里兰大学的 FIRE 课程由多个学科的多名教师指导，并且能够发挥同伴学长在小组研究中的影响力，科学、充分地调动新生创新的积极性。很多本科生在大学二年级时就能以同行导师身份参加研究小组，为下一级新生提供指导。

④ FIRE 项目相关课程设置体现了学生创新能力的成长性。课程设置在时间的纵向规划上循序渐进。该项目历时三个学期，学生可获得 9 个通识教育学分。一年级秋季学期，学生根据自己的兴趣试选研究小组，进行兴趣配对、预选调整和初级科研训练；一年级春季学期至二年级秋季学期，学生正式进入选定的小组进行创新创业专业训练。FIRE 项目在学生创新能力培养方法上既遵循人才培养规律又充分发挥学生的主动性。第一学年各小组在确立研究项目范围和目标的同时，侧重团队建设、特定学科研究方法和成员技能培训；第二学年秋季学期，注重在发挥成员已有技能基础上，培养学生的领导和合作交流能力。课程视学生的时间灵活安排，比如课程的后两个学期，各小组每周上一次课，具体日期由学生决定，学生可自行安排各自的科研工作时间，一般每周 6 小时。项目结束时，有专题讲座和辅导帮助学生顺利进入教师实验室工作或者在其他地方获得实习等机会。这样的课程设置让学生在从课堂到实验室再到实习的创新环境里，不断发展研究方法、团队合作、领导和交流等方面的综合能力。

⑤ FIRE 面向创业实践，与市场和企业紧密联系。首先，与其他院校只对

---

① BROWN T. Design thinking[J]. Harvard Business Review, 2008(6):84.

新生进行基础课堂教学不同，FIRE 项目利用相关教师课题、大学的创新创业学院等平台，以创业和向企业转让技术为导向，将大一新生纳入到创新创业活动中。在此过程中学生会面临超越其学科层面的产品开发、市场分析、商业计划制订等问题，从而提高对市场和创办企业的认识，为其创新创业的后续发展奠定基础。

其次，FIRE 项目与一些研究院和企业直接合作。这一措施让大学新生的创新研发走向市场，突破了以往主要依托实验室创新研发的局限，为其专业研究和应用提供了真实的实践平台，同时获得在技术层面上解决市场相关问题的直接锻炼，使大学新生面对真正的市场和企业，在专业知识和教师的引导下进行创业实践，实现技术向商业、市场的转化。推动大一新生的创新研发以新技术、新产品、新理念的形式从校园最终走向市场，形成一个从投入到产出的开放的创新生态。

（4）全校性的亨曼 CEO 课程项目

亨曼 CEO 课程项目中包含一些创新创业类选修课程。第一门选修课程是“发现新企业”（Discovering New Ventures），修完该课程可获得 3 个学分。这是一门多学科课程，帮助学生学习创立新企业所需的基本商务知识、策略和领导技能。第二门选修课程是“创业与创新基础”（Foundations of Entrepreneurship and Innovation），修完该课程可获得 1 个学分。该课程向学生介绍创业与创新中的基本思想和术语。第三门课是“创造有社会影响力的企业”，修完该课程可获 2 个学分。该课程针对全球性的重要社会和环境问题，提倡兼顾技术的应用和经济的可持续发展。

此外，马里兰大学的创业大赛和各种创业活动也是其创业教育课程中学习与实践的必要补充。连续举办 14 年的丘比特杯商业计划大赛（Cupid's Cup Business Competition）为获奖学生提供高达 11.5 万美元的现金奖励，每年都吸引很多学生积极参与。每年 3、4 月份举办的“创业 30 天”活动，对在校生、毕业生、教职员工及公众开放。期间有讲座、工作坊、竞赛、创业成果展示甚至文化艺术表演等丰富多彩的活动内容。这些第二课堂活动为马里兰大学创业课程教学的开展营造了良好的氛围。

2. 创业教育方法

(1) 创新创业学院教学方法

创新创业学院采用以人为中心的教学理念，提倡在充满创造力的教学过程中协助学生团队找到解决问题的办法，属于体验式教学法。以创新创业学院的"创新设计"课程教学步骤设计为例，其教学安排如下：

① 体验终端用户的感受；

② 提炼问题；

③ 开展头脑风暴——寻找各种解决办法；

④ 以快速而低保真的方式设计可能的原型；

⑤ 收集终端用户的反馈。

这是一个从发现顾客开始，到开发一个产品和形成一种商业模式的过程。这其中需要走出教室和校园，去采访几十甚至几百个潜在客户和利益相关者，去了解他们遇到的市场和社会问题及痛点。这些采访和实验能让学生真正理解证实或证伪商业模式的关键因素。

(2) 亨曼 CEO 项目体验式教学方法

参与亨曼 CEO 课程项目的学生，其学习在由动态的课程、研讨会、工作坊实践、竞赛、志愿者活动和创立公司等组成的特殊体验式学习模式中进行。他们参与各种各样的具有创新性的思考及动手实践项目。通过与成功创立和运营企业的教师合作，学生们提出他们的商业设想和基于团队合作的产品和服务计划。虽然学生修习亨曼 CEO 系列课程及讲座可获得学分，但是学生的学习超越了教室。他们与业界领袖面对面交流，然后夜晚在寝室与同学就某一问题开展头脑风暴。学生们不仅可与 90 位校园内的亨曼 CEO 课程项目的参与者联系，还可以有机会与 500 多位亨曼 CEO 课程项目毕业生联系，从而扩展他们个人生活及职业网络。

在该课程项目中自始至终由优秀的教师带领学生们参与体验式课程。这些课程将创新创业学术方面的内容与其在现实生活中的应用相结合。修习该项目的学生先获得 3 个创业学学分，然后每学期修一门课程并获得学分，总共 12 个学分，可用于申请工程创业辅修学位。

(3) Mtech创业课程教学方法

Mtech创业课程采用的是体验式教学方法，学生以此完成课程学分。有些课程需要学生去实地考察，在实际的商务场所中检测学生的能力。

> 培养学生的创新能力在创业教育中是非常重要的。我在教授创新系列课程时，注重启发学生自主思考一些现实的问题及解决这些问题的办法，我不会给学生设定一个所谓‘正确的答案’，而是想让他们从多个角度及更宽广的视野去看待问题、解决问题。我想这种思维方式对培养学生的创新能力是很重要的。(I10)

> 老师教我们如何学习和思考。他并没有将思想强加于我们，他只是教我们如何后退一步，重新评估一切。他鼓励我们创业及创造我们想看到的、对这个世界的改变。(I11)

Mtech创业课程评估方式不采用书面测试，采用的是学生自我评估的方式。关于采用学生自我评估方式的原因，Mtech课程项目主任有如下解释：

> 我们认为创业是自我展示和自我实现的一种很好方式。课程很多内容是自省的，包括很多个体经历，这些个体经历与领导力自我评估、为创业理想树立目标以及为达到目标而确定要求等相关联。因此，在课程学习过程中Mtech采用学生自我评估的方式检验学习效果与成效。(I12)

4.3.5 马里兰大学创业教育资源与环境

1. 创业教育师资资源

马里兰大学目前有10 000多名教师和工作人员。这些教职工资源都可以成为创业教育师资资源。目前承担创新创业课程教学工作的大约有300名教师。除了校内专职教师外，还有校外创业教育专家和企业界人士参与创业教育课程、讲座等活动，包括广大的校友群体，他们也是参与马里兰大学创业教育的重要师资资源。

(1) 工程学院的师资

马里兰大学工程学院硕士研究生层次创业课程的教师是经过精挑细选的。他们都是在创业教育领域具有成就的学科带头人,获得过国家级教学奖励,并且他们本身是创业者,经历过他们在教学过程中所阐述的事情,他们注重学术理论与产业实践之间的平衡。这些教师来自马里兰大学系统的12所大学(分校)以及摩根州立大学或圣玛丽学院。

工程学院"创业创新课程项目"(Entrepreneurship and Innovation Program)师资团队为学生提供教学、辅导和咨询服务。课程项目主任是史密斯先生。史密斯毕业于MBA,在开展教学与研究工作之前,他在纽约、旧金山和东京做过14年的管理咨询和银行投资工作,并且也曾是一名创业者。他领导创业创新课程项目,管理项目的运行、课程教学及辅导学生。他设计并教授本科生和研究生的创新创业课程。他的课程突出创新性和企业的国际化。他还是公共政策学院的兼职教师。

课程项目主任唐伯利先生在马里兰大学和弗吉尼亚大学都有辅导学生创业的工作经历。另一名课程项目主任埃德蒙·彭德尔顿在马里兰大学工程学院指导学生创立高科技企业。他还是乔治敦大学的兼职教授,同时他也是一位科技创业家及天使投资人。他主要的商务经历包括产品开发和管理、市场推广及创业。他担任过若干科技新创企业的顾问和董事会成员。他经常担任国内和国际创业项目的导师。乔琳娜·古雷维奇是"创业和切萨皮克湾种子基金"(Chesapeake Bay Seed Fund)经理。她负责指导科技新创企业的发展、孵化以及孵化器的战略管理。

在工学院,新创公司发展的每一步都有学院的创业教师、导师及驻校企业家的指导。创业教育团队为初创公司提供必要的培训、工作地点和相关资源,包括由一群专家提供的法律和财会服务,以及帮助初创公司申请马里兰大学和联邦政府提供的资金。工学院的教职工、导师和驻校创业家共同合作确定目标。创业师资团队会对新创公司的进展定期进行回顾并作相应调整。工学院创业师资中还有分管教师管理的彼得·桑德堡博士、创业专家凯瑟琳·兹莫达和驻校社会创业家莱恩·艾尔莎。另外,专职授课教师是勒玛丽·汤普森讲师、约翰·贾巴拉讲师。

除了专职创业教育师资,工程学院还从校外请来演讲嘉宾和导师。目前学校较固定的校外演讲嘉宾有25位,来自科研、商务、艺术及政府等领域。这些嘉宾的演讲主题围绕创业与领导力、个人及职业发展、创新和创造力、商务和项目管理以及企业社会影响力。创业与领导力主题的演讲嘉宾和导师目前有 10 位，其中有很多是创业家，而且是校友。如 1971 届的埃里克·弗朗西斯——公司总裁及 CEO；1979 届的比尔·格林布拉特——公司创立者及主席；丽莎·库萨克——公司 CEO。个人和职业发展演讲嘉宾兼创业家有 2 位：1983 届的迈克尔·卡罗——公司创立者及 CEO；杰·布兰科——高级项目经理。创新与创造力演讲嘉宾兼创业家有 5 位：乔安·塞韦森——科克兰艺术设计学院设计学教授；布莱恩·杰·琼斯——自传作家；2001 届的里奇·费里德曼——艺术家、作家及创业家；詹姆斯·安德考夫勒——交响乐团艺术导演；诺尔·莫非——演员、导演及制片人。商务及项目管理演讲嘉宾兼创业家有 8 位：1961 届的霍华德·裴多斯基——美国国家航空航天局工程师及国际创业家；萨蒂什·唐伯利——大学教授、科技创业家及天使投资人；克里斯·泰坦姆——企业高级决策主任；艾米·赛勒普——公司 CEO；考利·格里芬——公司副主任；拉蒂卡·帕瑞西维尔——公司合伙人；迈克尔·沃顿——奥运会短跑运动员兼创业家；谢丽尔·罗宾逊——政府住房管理部门副主任。

(2) 创新创业学院的教育师资

创新创业学院的创业教育队伍由该学院的教师和学校中的其他合作教师组成。创新创业学院自身的教育师资目前由 1 名院长、4 名行政管理人员、5 名思维激励助手、9 名朋辈创新导师组成。其具体职责分工情况如表 4.10 所示。

表 4.10　马里兰大学创新创业学院师资表

人　员	职　务	职　责
Chang	院长	教学与管理统筹
艾瑞卡·埃斯特达	课程与教学主任	课程开发、设计和教学运作
布鲁克·史密斯	市场及运营经理	推广及运行项目
金·华莱士	项目管理和融资主任	项目融资及人员管理
米努·辛格	创新专家	创新系列课程教学和管理
卡伦·霍德等 5 人	思维激励助手	创新创业课程辅助工作
达里恩·迪克森等 9 人	朋辈创新导师	与学生合作并在学习过程中指导学生

资料来源：http://innovation.umd.edu/

创新创业学院与全校各院系的教师合作，将创新与创业融入学校已开设的课程中。创新创业学院有一支创新与创业教育师资团队。其“设计思想”与“精益创业”两类教育和辅助人员与大学其他院系教师合作开发课程和资源。根据教师愿意在多大程度上将创新创业与已有课程结合，学院的创新创业师资大致可分为三种类型：杰出创新教师、创新教师和尝试创新教师。创新创业学院与这些教师共同寻找将创新创业因素融入课程的方法和途径。

创新创业学院对承担创新创业教育的教师有一些要求。第一，教师自己对创新与创业持开放态度。前两类教师应该深入学习创新与创业的概念，并努力致力于创新创业教学；而第三类尝试创新教师也可以致力于创新创业概念的教学工作。因为，当教师们详细解释创新与创业与学生所学课程和专业领域的联系时，学生更能投入到对创新创业课程的学习。第二，教师应该尽早教授学生创新和创业的概念，将创新创业融入课程大纲之中。第三，在学期开始前备好课。第四，每位教师都要做好课前布置教室、准备教具的工作，以及课后的清理工作，这是体验式教学的要求。最后，教师要帮助创新创业学院创造一个免受干扰的环境。创新创业学院和教师一起想办法，说服学生上课时不要闲聊，不用手提电脑和手机。

2. 创业教育硬件资源与资金

建设良好的创业教育硬件设施对建立马里兰大学的创新生态系统至关重要。良好的创业教育基础设施有助于将实验室、教室、寝室、地下车库等场所产生的思想，经过可靠的路径走向市场。

(1) 硬件资源

马里兰大学有多个创业中心，其中所包含的实验室就更多了。

马里兰大学的创新创业学院是最大的具有教学功能的创业中心。马里兰大学创新创业学院于 2017 年夏天搬迁到爱德华圣约翰学习与教学中心。

马里兰大学 2016 年所进行的战略伙伴行动诞生了马里兰高端企业中心(CMAV)。该中心位于马里兰大学巴尔的摩校区，目的是促进大学科研成果的商业化。该中心与马里兰大学技术转让机构合作，利用研究和发展的成果巩固创新基础设施的建设与完善，以创造马里兰州下一代的创业者。高端企业中心与马里兰大学研究生院又合作建立了研究生研究创新区(Graduate Research Innovation District，简称 GRID)，位于马里兰生物科技园。在这里，学生、创业者和教职工相互合作以提出创新的、具有社会影响力的思想，提出早期的资助和运行方案；学生们可以和大学的新创企业接触；与现场的专家包括马里兰大学巴尔的摩校区的驻校企业家、马里兰小企业发展中心顾问及知识产权律师事务所互动及合作；与大学创业资金提供部门合作创立新公司。在这个中心，学生们也可以得到创业教育机会，例如使用工作坊、教师辅导课程学习、卫生保健及获得社会创新学位。

马里兰大学费雪尔学院(The UMCP Fischell Institute)是研究设计生物医学设备的一个创业机构。目前该学院在巴尔的摩开设了一个分支机构——费雪尔生物医学设备学院，以加快医疗卫生设备的创新与开发。费雪尔学院已经为马里兰大学巴尔的摩校区和城市公园校区获得了 10 万美元的资助。目前有大约 60 名马里兰大学城市公园校区本科生与巴尔的摩校区诊所的医务人员合作，共同开发新的医疗设备。该学院还拥有工程学硕士学位授予权，针对的是将要创立医疗设备公司的学生。

马里兰大学技术商业化办公室(Office of Technology Commercialization，简称 OTC)于 1986 年成立。OTC 提供创业方面的专业指导、支持、保护知识产权、鼓励研究、协助技术转让及推动与企业资助人互助合作等服务。技术商业化办公室是大学与商务界之间的桥梁。在过去的 30 年里，技术商业化办公室取得的发明成果、专利及获得的资金收入都在稳步上升，共创立了 50 多家企业，获得了 500 项专利，转让了 900 多项技术，带来了 1 630 万美元的收入。以 2017 年为例，新增 6 个新创企业，注册商标 26 个，取得专利 52 项，商标收入达 103 万美元。

马里兰小企业技术发展中心(The Maryland Small Business Technology Development Center)是美国小企业管理局与马里兰大学合作的产物。该中心将私人企业、政府、高等教育及地方经济发展组织连接起来，为马里兰州的小企业提供帮助。在过去的一年里，该中心的教职员工协助了将近 1. 2 万名创业者，并帮助他们的企业获得了超过 3 700 万美元的贷款。

丁曼创业中心将地方新创企业与超过 40 名活跃的天使投资人和风险资本家联系在一起，解决创业早期资金问题。该中心还为 MBA 学生和商学院的本科生提供实践经历和机会，以践行他们的设想，并从经验丰富的驻校企业家那里获得反馈。丁曼创业中心每年资助举办“丘比特竞赛”，以鼓励学生创业。

(2) 资金支持

巴尔的摩基金(The Baltimore Fund)为与马里兰州公立高等教育机构有关的企业提供财政激励,以让这些公司在巴尔的摩市的创新网络中立足。巴尔的摩基金合作伙伴有:巴尔的摩发展公司、马里兰州政府商务部以及马里兰大学系统。对共用工作场地提供为期6个月的100% 补助;对办公场地提供为期一年50%的补助,向每个公司提供约6 000美元资金;对实验室场地提供为期一年50%的补助,向每个公司提供约1.2万美元资金。巴尔的摩基金为与马里兰州公立高等教育机构相关的公司,提供有条件的资金资助。公司必须由一所或多所马里兰州公立高等教育机构提名,而且公司必须在巴尔的摩市开设新机构或扩建机构,创造就业岗位。

马里兰动力基金(Maryland Momentum Fund)为新创企业而设。为了帮助与马里兰大学有联系的、前景良好的新公司解决早期募集资金的问题,马里兰大学董事会成立马里兰动力基金,为新创企业的种子基金进行A轮融资,通常在12至24个月内完成。该动力基金有2 500万美元,投资于马里兰大学附属公司。在大多数情况下,马里兰动力基金对每个公司的投资介于15万至25万美元之间,最多可达50万美元。申请马里兰动力基金必须满足的条件包括:受资金资助的某项产品的知识产权由一个马里兰大学系统成员机构所有;公司的一名创立者或发起人是马里兰大学系统的教师、毕业生或在校学生;公司位于马里兰大学系统的研究园或孵化器,或者位于地区组织中具战略意义的企业地带。该基金常年受理资金申请,对收到的所有信息进行评估,从而挑选出一些公司向顾问董事会作报告,以获得可能的资助。顾问董事会每个季度召开一次。有时会议是为了帮助公司改进商业机划。没有被选入资助计划的公司可以得到辅导,从而可以进入下一轮资助。

马里兰企业伙伴项目(Maryland Industrial Partnerships Program,简称MIPS)为科技产品的开发提供资助。以市场为导向的新技术与创新带来新产品和就业,将大学的创新思想和广泛的实验资源应用于新产品的创造和马里兰州商业的发展,以及在马里兰的创新型公司中创造就业,是MIPS 30多年来一直在做的事情。自1987年成立以来,MIPS开发的产品已产生350亿美元的销售收入。MIPS将参与项目公司的资金提供给基于大学的研究项目,而该研究项目有助于公司开发新产品。MIPS的管理权属于马里兰大学旗舰校区——马里兰大学公园市校区,运作范围是12个马里兰大学系统内的高校及摩根州立大学和圣玛丽学院。在学术与企业、公立与私立之间的伙伴关系中，MIPS连接着马里兰公立大学和马里兰州各个企业。通过MIPS匹配的资金，新创公司能在马里兰州的大学系统中利用各种设施、资源和专业特长创造出新产品和机会。30多年来，MIPS有400多名教师与马里兰600家公司合作、开发新产品，在马里兰州创造了超过7 000个新的、高收入的、长期的高科技工作岗位。每年MIPS都会发放资助。新创企业申请资助时需要填写一份意向表，与MIPS代表磋商并找到一位教师作为课题负责人，然后一起申请。

切萨皮克湾种子资本基金是马里兰大学工程学院Mtech成立发起的基金。该基金由马里兰州自然资源部支持，由Mtech管理。成立该基金的目的是加速资本向创新型企业的流动，为切萨皮克湾的生态维护提供可持续的解决办法。位于马里兰州、拥有能改善切萨皮克湾地区空气和水质量的科技新创公司可以得到该基金的投资支持。马里兰大学工程学院Mtech与马里兰州自然资源部共同遴选受资助企业。

(3) 图书馆资源

马里兰大学图书馆为大学的创业教育提供了重要的资源。马里兰大学图书馆不仅为师生提供图书资源，还为大学的教学、科研提供各种服务，同时马里兰大学图书馆的工作人员也参与大学的教学等活动，图书管理员每年参与1 000多节课时的教学，涉及的学生人数将近20 000人。马里兰大学图书馆是马里兰大学创造学术和创新创业环境的重要组成部分。

作为华盛顿—巴尔的摩地区最大的图书馆系统，马里兰大学的8大图书馆为支持大学教学、学生学习和研究提供了重要的学术资源。马里兰大学图书馆每年支出超过2 830万美元，在研究型图书馆协会的114个成员中排名第44位。马里兰大学图书馆藏书种类多，藏书量达465万卷(包括电子版书籍)，电子期刊有1.7万种，电子书有259万册，数据库有352个。图书馆每年的用户超过200万户。图书馆每年大约80%的预算用于购买电子资源，如数据库和电子期刊，而全美图书馆同类预算平均值为62%。以马里兰大学帕克分校为例，规模较大的图书馆有8个，分别是麦克凯林图书馆、建筑图书馆、艺术图书馆、荷姆贝克图书馆、米歇尔史密斯表演艺术图书馆、普里迪图书馆、塞文图书馆和STEM图书馆。其中最主要的是麦克凯林图书馆。马里兰大学图书馆是全美最大的广播史料库之一，是世界最大的钢琴资料档案库之一，也是世界最全的印刷出版物资料库及世界最大的明信片学术研究中心。马里兰大学图书馆是马里兰大学及附属机构联盟中 16 个成员之一，可以共享联盟成员之间的资源，并可进行交换。

马里兰大学图书馆除了提供笔记本电脑、充电器、耳机等设备，以及资料扫描、装订、打印和印刷等服务之外，还提供很多学习、讨论的场所，如工作坊等。

为了更好地服务马里兰大学师生，由图书馆馆长挑选任命来自各系的学生组成一个咨询小组，在整个学年中，参与有关图书馆的变化的讨论，并就一些重要问题向馆长提出建议。学生咨询委员会建立一个正式的运行机制以确保学生成员的及时补充及融入大学图书馆的战略计划。学生咨询小组的职责包括：对改善学生使用图书馆的体验提建议，对正在执行的计划提供反馈意见，对提升技术环境的图书馆方面的采购提出推荐建议，评估采购等的影响，参与会议，讨论并批准学生咨询委员会提出的年度预算。

淡水龟学习共享空间是一个大型的合作学习空间。在那里可以提前一个星期预定自习室。学习共享空间于 2010 年开放，是校园里汇聚技术和学生集中学习的地方。该空间通过提供技术含量丰富的环境满足学生不断变化的需求。该共享空间设有一个创客空间和一个本科生写作中心。

马里兰大学帕克分校的创客空间位于麦克凯林图书馆二楼的学习共享空间。来此空间的访客可尝试使用各种科技产品和制作模型，这些高科技技术包括虚拟现实和 3D 打印等。

3. 人脉资源

马里兰大学充分利用与政府和企业的紧密关系，将这些社会资源引入大学的教学、科研与创业之中。马里兰大学常年聘请驻校企业家作为学生的创业导师。同时马里兰大学非常重视广大校友的人脉资源。经常邀请成功创业的企业家校友为学生们做讲座和授课。学生可以通过这些途径建立有利的人际关系网络。这些措施为马里兰大学的创业教育积累了丰富的人脉资源。

4. 管理政策与环境

马里兰大学对创新创业高度重视。创新创业工作直接由校长及教务长负责。从课程开发到硬件资源建设等都由最高层的领导掌管。同时创新创业学院的院长以及工程学院内一些负责人负责各学院及部分全校性的教学与管理工作。马里兰大学对学生创业采取很灵活的管理政策，有创业意愿的学生可申请休学或先实习，回校后只要能取得规定学分即可毕业。马里兰大学为学生的创业教育提供了各种设施齐全的实验室、创业中心以及学生负责管理的创业孵化器，这些场地资源同时也构成了良好而宽松的创业教育校内环境。在笔者考察过程中就曾多次见到这样宽松而氛围良好的创业教育环境，详情参见附录 4。

> 学院对我们的创业实践和活动很支持。这个楼里第一层的办公室和展厅都归我们使用。我们在这里很自由，想在这里待多久都行，同学们也喜欢经常聚在这里。这为我们发现创意和开发产品提供了极大的方便和自由发挥的空间。(I13)

马里兰大学与马里兰州政府和首都华盛顿的一些机构如美国农业部等有长期的合作与联系。马里兰州农业部与马里兰大学合作建立了一个基地，专门用于大学科研成果的实验与推广。另外，美国国家气象局与马里兰大学共同建设了实验室，用于科学研究与实践教学。目前，美国食品药品监督管理局正准备在马里兰大学合作建立分局，作为科研与商业开放实验基地。另外，马里兰大学与所在社区的联系也很紧密，学校鼓励学生走进社区和中小学，举办创业活动与普及创业意识。学校为学生创造了很好的社会联系与环境。

4.3.6 马里兰大学案例总结

马里兰大学的创业教育主要由创新创业学院和工程学院承担，其创业教育针对全体学生，特别是本科生群体，属于普及性质。在其具体的创业教育模式中，创业教育的目标、创业课程的内容与方法以及创业课程的评估都因不同的学习者群体而不同。创新创业学院的学习者是全校范围内对创业感兴趣的学生，其创业教育课程内容分为创新力培养和创业能力培养两种类型，教学方法是包括案例教学在内的体验式教学。由校长直接负责的 FIRE 项目，则针对本科新生开放，实行交叉学科背景下的项目式教学。工程学院的创业课程针对各专业的学生开放，有很多强调高科技创业的课程项目，其创业教育方法主要依托于实验实训中心、创业中心的相关项目及各种创业活动和大赛，培养学生的创新力和动手实践能力；该模式中的师资资源、图书、硬件资源平台及人脉资源为创业教育提供了必要的条件，师生在教学等活动中保持密切而融洽的关系，还有丰富的社会联系为学生的创业教育提供环境支持。马里兰大学的创业教育目标定位是培养具有世界影响力的创新创业型人才，然而，与哈佛大学的精英教育理念不同，它提倡的是大众化、科技普及型的创业教育思想，它的教育项目甚至还包括中学生群体。其创业课程评估方式也没有书面考核形式。

第 5 章　中国研究型大学创业教育案例分析

5.1　中国研究型大学创业教育背景

自 1978 年中国实行改革开放以来，教育改革一直是个热门话题。中国的教育改革是渐进式的。通常从一些重点地区或城市的学校进行试点，然后再推广至其他学校。高等教育领域的改革也不例外。中国高校一直以来积极参与中国的高等教育改革。有些学者认为，中国高校的改革在整个教育体系的改革中发挥着带头作用，并且为中小学的改革提供了参考①。中国的高等教育领域经历了巨大的变革，目前，高等教育的改革仍在继续并向新的方向发展，即创新创业教育。众所周知，创业教育的特点是创新。当创业教育传播到中国时，其创新性的哲学理念和教学方法立刻在中国的教育界，尤其是高等教育领域引起

① 卢晓中. 大学能成为中小学教育改革的引领者吗？[J]. 华南师范大学学报(社会科学版)，2016(5)：74-78，190.

了一场革新。这也是为何中国教育界将创业教育称为创新创业教育的主要原因。

虽然关于中国创业教育确切的起始年代仍然有争议,然而,很明确的一点是中国的创业教育始于 20 世纪 90 年代,并且一直是中国教育改革的重点。尽管近 30 年过去了,到 21 世纪初,中国的创业教育仍然停留在初级阶段。中国创业教育面临的发展瓶颈主要是由于对创业教育的目标、动机和未来发展方向缺乏清晰的理解。2015 年 5 月 19 日,国务院发布了《中国制造 2025》①。这是在国务院指导下实现“从制造大国升级为制造强国”的计划。《中国制造 2025》的影响远远超越了经济领域,对教育领域也产生了重要影响,包括创业教育领域。随着“中国制造 2025”战略的实施,中国创业教育的重要性再次显现。创业教育如何更好地服务于国家的科技、经济发展及人才培养是中国当前创业教育改革的关键问题。

随着高校招生制度改革并扩大本科生招生数量,高校毕业生就业不佳问题日益显现。诚然,为增加高校毕业生就业岗位,以及为社会创造更多就业机会是创业教育成为中国教育改革新方向的重要原因。然而,科技的更新换代和社会及经济的可持续发展都需要教育的创新。发展创新创业教育是教育顺应创业时代需求的必然选择。正如上海财经大学校长范李明所说:“创新创业教育不仅是中国高校教学的必然要求,也是中国高等教育改革的突破点②。”

2018 年年初,为了了解目前我国大学生对所在学校创业教育情况的了解及反应,本书作者面向本科大学学生做了一次网络调查,收回 41 份有效问卷。调查内容主要是学生对大学创业教育各关键因素的满意度情况,这些因素包括:创业课程数量、创业课程目标设置、创业课程内容、教学方法、师生关系、课程评估、创业中心数量、孵化器数量、创业大赛、创业俱乐部及资金支持。调查数据显示在创业课程数量、教学方法、创业中心数量及创业大赛等方面,超过 50%的学生是满意的;在创业课程目标设置、创业课程内容、课程评估、孵化器数量及创业俱乐部等方面,学生的满意度较低,其中对课程评估的满意度最低,只有 25%。就此次调查,总体上来说只有 39%的大学生对大学的创业教育感

---

① 中华人民共和国中央人民政府. 国务院关于印发《中国制造 2025》的通知[EB/OL]. http://www.gov.cn/zhengce/content/2015-05/19/content_9784.htm.

② 范李明. 创新创业教育:高等教育综合改革的突破口[EB/OL]. http://sei.shufe.edu.cn/qy/zjsd/1725.htm.

到满意(参见附录1)。在调查中取得的各相关指标的数据如图5.1所示。

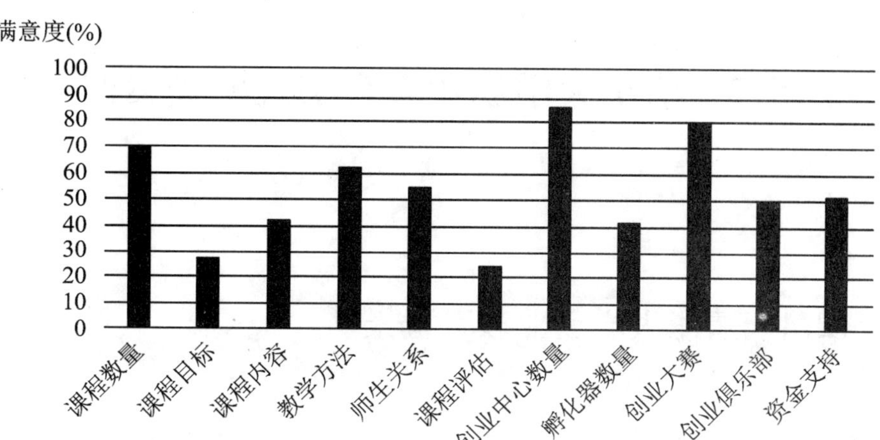

图5.1　大学生对大学创业教育的满意度

这一调查从某种程度上表明,目前我国大学的创业教育在很多方面还没达到令学生满意的效果。虽然现在几乎所有中国高校都在实施创新创业教育改革,但取得较好成效的仅限于几所著名的研究型大学。因此,我国大学创业教育的改革仍将是今后创业教育发展道路上的重要任务。一直以来,研究型大学在中国的创业教育中担当着先行者的角色,是中国创业教育模式的探寻者。1998年教育部颁发《面向21世纪教育振兴行动计划》,提出建设第一批34所"985高校"。20多年来,虽然中国的教育发生了很大的变化,这些高校仍然是中国最著名的研究型大学。研究型大学一直以来在中国的创业教育中起着核心的作用。一方面,研究型大学积极迎接挑战,探索创业教育实践。另一方面,研究型大学承担着为其他高校树立榜样的责任。目前,这些研究型大学在中国的创业教育领域仍处于领导地位。然而,随着创业时代的到来,中国的研究型大学正面临着改革的新挑战,以达到国家的要求和实现自身教育的使命。

5.2 清华大学创业教育实践模式案例

5.2.1 清华大学创业教育背景

清华大学具有100多年历史，是中国最著名的高等学府之一。清华大学是中国创业教育的发源地，并且一直是我国创业教育的先行者。1997年，清华大学开设了全国第一门创业课程，并且于同一年成立了全国第一个学生创业协会；1999年，第一届“挑战杯”商业大赛在清华大学校园举行。这些发生在清华大学的事件标志着中国大学创业教育的开端。

清华大学经济管理学院发挥经管专业优势，将创新与创业教育融入学院的教学与科研中。先后成立了X-lab和创业者加速器等创业实践及企业孵化中心。同时开设了系统的创业项目课程。2013年1月10日，清华大学批准经济管理学院成立创新创业与战略系。其学术领域涉及创新创业管理与战略管理等方面。经过多年的发展，清华大学已成为中国高校创业教育的典范。在这一期间，清华大学经历的与创业教育发展有关的重大事件如表5.1所示。

表5.1 清华大学创业教育大事记

时 间	事 件
1997年	清华大学开设第一门创业课程；同年，清华大学成立第一个学生创业协会，也是中国第一个学生创业社团
1998年	清华大学举办第一次校园商业计划大赛
1999年	清华大学举办第一届挑战杯商业计划大赛，全国162所高校参加了此次大赛
2000年	成立中国创业研究中心
2001年	教育部与科技部认定22个科技园，分别位于33所大学，清华大学排在前列
2001年	清华大学与百森商学院合作开设全球创业检测课程项目
2002年	教育部指定清华大学等9所大学为创业教育发展试点单位

续表

时　间	事　件
2005年	KAB(Know About Business)创业项目被引入中国
2005年	清华大学举行亚洲创业教育国际会议
2006年	清华大学与其他5所高校成为KAB大学创业教育项目首批试点高校
2007年	教育部指定清华大学为人才培养模式创新区域单位
2008年	清华大学第一个创业教育人才培养创新试点区确立
2010年	第一个大学生创客空间在清华大学出现
2013年	X-lab在清华大学成立
2015年	清华大学倡议成立创新创业教育联盟;同年,举办创新创业教育联盟成立大会,137所高校及50个非政府机构参加大会
2015年	清华大学开设创新创业辅修专业学位
2016年	入选国务院首批28个"双创"示范基地之一
2017年	教育部发布《教育部办公厅关于公布首批深化创新创业教育改革示范高校名单的通知》,99所大学包括清华大学在列

由于我国的创业教育属于"政府驱动型"①,清华大学等研究型大学承担着国家发展创业教育的重任,清华大学创业教育目前面临的挑战一方面与国家的经济、社会、教育发展方针政策有关,另一方面与大学生对创业教育的需求有关。在中国产业发展转型及全球创新创业背景下,清华大学的创业教育将继续发挥其服务国家经济和社会发展、服务受教育的学习者的功能。

5.2.2　清华大学创业教育目标

1. 总体目标

清华大学将"人才培养""科学研究""社会服务"及"文化传承"作为大学的

① 严毛新.政府推动型创业教育:中国大学生创业教育的历程及成因[J].中国高教研究,2011(3):45.

使命，其中对人才的培养被作为首要使命。可见，在清华大学的创新创业教育中，人才的成长与培养具有核心地位。2015 年，清华大学发布“以创新创业教育促大学生全面发展”方案，作为其深化创新创业教育改革的指南[①]。该方案进一步明确大学生的全面发展是清华大学创新创业教育的出发点及最终落脚点，即人才培养目标。为了达到这一目标，清华大学实行通识教育，探索提升大学生综合素质的实践方法。2009 年，清华大学经管学院提出将通识教育与学生的个性发展相结合，作为新的本科生培养理念。紧接着从 2009 年秋季学期开始，正式实施新的本科生培养方案。2014 年 9 月，“新雅书院”成立，成为清华大学开展素质教育及培养全面发展人才的试验区。清华大学创业教育最终落脚点是培养学生的创业意识、创新精神和创造能力。

> 清华大学的创业教育主要是通过导师指导学生团队进行项目实践活动，实现跨界学习，注重全球化视野。从创新创业理论和方法出发，开展创新产品的开发实践，开发适合市场需求的产品。在这个过程中，让学生完成初步的企业策划，拓展学生的创新能力和领导力，从而最终达到提升学生的创业意识、创新能力以及创造能力的目标。(I14)

清华大学是我国创业教育的发源地，同时，清华大学具有宽厚和坚实的教学与科研实力，因此，清华大学的创业教育的另一个重要目标是探索有效的创业教育模式，为我国其他高校的创业教育提供借鉴。这一点从国家颁布的一系列有关创业教育的政策、措施就能看得很清楚，例如，2016 年国务院确定的首批 28 个“双创”示范基地以及 2017 年教育部发布的深化创新创业教育改革示范高校名单，清华大学皆名列其中。中国研究型大学创业教育的目标在这一点上显然与美国研究型大学不一样。

2. 课程目标

清华大学创业课程的目标是旨在培养学生的与创新创业相关的能力。

---

① 教育部综改司. 清华大学：以创新创业教育促大学生全面发展[EB/OL]. http://www.moe.edu.cn/jyb_xwfb/s5989/s6635/s8537/zl_gxcxcy/201511/t20151110_218423.html.

(1) 清华大学经济管理学院课程目标

清华大学绝大多数的创业课程是由经济管理学院承担的。其本科教育从2009年实行新的培养方案,其坚持的教育理念是将通识教育与学生的个性发展相结合。通识教育课程的目标是将塑造学生价值、培养学生能力和传授学生知识合为一体,注重培养学生的批判思维能力、想象能力及探索世界的好奇心。

清华大学经济管理学院创新创业与战略系在工商管理学科基础上,根据国际创新创业人才培养的需求,将目标定位为发展成为创新创业领域中世界一流的教学及科研机构,主要培养博士层次的高级创新创业理论人才。经济管理学院博士课程项目目标是培养创新、创业、战略等领域的高端人才,并且其研究能产生全球影响力;经管学院的MBA、EMBA及在职培训的人才培养目标都定位于经管、金融等领域高端、尖端和未来领袖人才,其中在职人员MBA课程项目目标定位是促进在职的中高级管理者提升管理能力;经管学院还有与国际名校或名企合作MBA课程项目,其目标定位是培养具有全球视野的金融、管理行业的"行业未来领航者"①。

(2) X-lab课程目标

依托经管学院的清华X-空间,也称为X-lab或"三创空间"。该空间功能定位是发现并培养具有创意、创新和创业能力的三创人才。该空间提倡在学科交叉的背景下,帮助学生探索新知识,体验新的学习方法及树立团队协作的理念,并培养他们的创新创业精神和能力,采用的是一种新型的人才培养模式。

X-lab开设的课程其目标可分为五种。第一种课程目标主要是培养研究生的创新能力及创新的方法。鼓励学生敢于想象,并激发学生的想象力和创造力,让学生打开创新思维的大门。其教学目标包括:了解创新的类型及创新面临的障碍;了解开发创意的规律与方法;让学生学会从创新的角度观察与思考问题。第二种课程目标针对全校研究生,提升他们的创业能力,包括机会识别及商务计划的制订与执行,并帮助学生提升新创企业的能力。第三种课程目标针对热衷创业,并有志于将创业作为个人事业的学生,偏重对企业管理、投资管理、内部创新及知识产权管理等能力的培养。第四种课程目标是教授本科生创新创业的基本原理、知识,帮助他们掌握创立公司的基本管理知识和技能,培养

---

① 清华大学经济管理学院. 项目特色[EB/OL]. http://fmba.sem.tsinghua.edu.cn/us/features.html.

他们的创业分析能力、处理创业实际问题的初步能力。第五种课程目标是通过与国际大型公司合作，为学生介绍世界最新技术及创业信息，培养学生的全球视野，培养学生创新创业理论的掌握能力及撰写商业计划书的能力。

(3) 清华大学机械工程学院课程目标

虽然机械工程学院没有直接标明其拥有创新创业类的课程，但是其课程设置具有创新创业课程性质。在专业课设置之外，其主要课程还包括人文社科类通识教育课程，并且机械工程学院还实行学生可自主选择全校任何开放课程的制度。其课程设置的目标是培养学生的综合素质，既注重专业技术基础，又重视实践能力的培养，并且将创新意识与能力的培养纳入其课程设置之中。

(4) 环境学院课程目标

清华大学环境学院有一些课程倡导各学科知识交叉以及关注环境可持续发展问题，培养学生资源节约和环境保护的意识，让学生在更开阔的视野下思考能源与环境等问题并且发现创新性的解决问题的办法。

(5) 药学院课程目标

药学院的人才培养分为本科层次和研究生层次，其课程目标定位是："致力于培养在医药研发与应用领域具有国际领先水平的新一代药学领军人才。"①。其本科教育实行创新的教育理念与方法。注重夯实学生的学科基础知识，注重实际教学及培养学生的国际视野。同时强调培养学生的批判性思维和创新解决问题的能力。

(6) 全球创新学院(GIX)课程目标

全球创新学院(Global Innovation Exchange Institute，简称 GIX)是一个开放的、多文化背景的教研平台，也是清华大学在海外的第一个实地教学场地。全球创新学院(GIX)的课程目标是致力于培养具有全球视野和创新精神的领导者，在学科交叉的整体性和创新性环境下探索解决一系列的全球性挑战，例如研发智能设备、研究智慧医疗及研发清洁能源等。

(7) 清华大学深圳研究生院课程目标

清华大学深圳研究生院创业教育中心成立于 2014 年 4 月，其宗旨是促进"双创"教育，调动师生创新创业的积极性，以及提高人才培养的质量。深圳研

① 清华大学药学院. 教育教学/本科生[EB/OL]. http://www.sps.tsinghua.edu.cn/cn/education/college.html.

究生院的教学科研依托一批“双创”基地或中心，加强“双创”教育的实践及其成果转化；其“双创”课程目标是将“双创”教育理论与实践相结合，切实提高学生的创新创业能力。

5.2.3　清华大学创业教育学习者

清华大学的创业教育包括本科生、硕士研究生和博士研究生各个层次。各个专业及层次的学生不仅可以参加创业课程的学习，还可以辅修创业专业。例如互联网金融创业、技术创新创业等辅修专业对本科生开放；同时还有 TSBI 交叉创新研究生学位课程，有兴趣的学生在进修相关课程后，可以获得该专业硕士学位。清华大学目前全校创业教育在学学生中研究生人数已经超过本科生。清华大学创业教育对本科生学习者群体的教育的主要侧重点是提升他们的综合素质，而对研究生学习者群体的教育的侧重点是提高他们的创新能力。在清华大学的创业教育理念中，创业教育学习者的个性和全面发展要与通识教育相融合。

清华大学的创业团队的成员都是跨界组合的。如 X-lab 三创空间的创业团队以及跨学科创客实践平台。三创空间不仅有来自清华大学及社会的青年学生参与学习及实践活动，同时也包括已毕业的校友。据调查，到目前为止该空间已为 8 000 多人次提供三创(创意、创新、创业)课程，并培育出由 500 多名在校学生和校友参与的创业团队。清华大学 GIX 全球创新创业学院的建立，标志着清华大学的创业教育学习者队伍中将扩充更多国际人才，从而提升清华大学创业教育学习者群体的国际化程度。这展现了清华大学创业教育学习者多样性、多元化的特征。清华大学“双创”平台的很多内容与高精尖的科技有关，因此参与平台研究和实践的学习者大多具备理工科专业背景。如 GIX 平台、面向工业 4.0 的智能制造平台和“双创”医药平台。

2015 年，清华大学“学堂在线”平台推出面向社会免费开放的网络创业课程。这些创业课程的开设均考虑到不同人群对创业的多样化需求，包括一些国外人士对创业教育的不同需求。目前在该平台上注册选课的人数已达到 117 万人。清华大学创业教育涉及的学习者群体越来越广泛，其创业教育也更加彰显了以学习者不同需求为中心的特点。

5.2.4 清华大学创业教育课程与方法

1. 创业课程

课程是大学教育的第一课题，也是大学创业教育主阵地。清华大学通过课程建设，将创新创业教育全面融入人才培养体系。目前清华大学的创业教育课程形成了一种三管齐下的格局，即经济管理学院的偏向商务管理的类型、部分院系少数涉及专业领域的创业课程、清华大学三创空间（X-lab）的全校开放式的创业课程。在课程布局上，实行了“普及—提高—辅修专业”的梯度递进。清华大学开设了全校通修性质的通识课程“创业导论”，授课老师由 20 多位成功企业家担任。在通识课程的基础上，清华大学还开设了 15 门提高课程，例如“跨学科系统集成设计挑战”等。此类课程被称为“挑战性示范课”，围绕具有挑战性的世界性问题进行课程设计。此外，清华大学还为对创新创业有着浓厚兴趣，希望进一步结合自身专业进行创新创业的本科生开设了本科辅修专业。2015 年，“互联网金融与创业辅修专业”应运而生，成为清华大学的第一个创业教育类辅修专业。

为了方便学生随时随地获取创业类课程资源，清华大学在传统的课程建设基础上，大力建设创业教育类在线课程。2013 年，清华大学官方慕课（MOOC）平台“学堂在线”开始运行，汇聚了数百门网上课程，其中就包括一批高水平的国内外创业教育慕课。2015 年 3 月，清华大学在“学堂在线”的基础上，推出了“中国创业学院”频道[①]，汇聚了一系列创业教育网上课程。

从开课主体看，这些课程既有清华大学本校开设的，也有联合业界资源，针对创业需求开设的实用课程，例如“总经理领导力突破的六堂课”，主讲者既有清华大学的教授，也有来自滴滴、IBM 等公司的业界人士。网上的课程中，还有一部分是从美国麻省理工学院（MIT）等世界名校引进的优质课程，例如“创

① 创一教育. 中国创业学院[EB/OL]. http://www.chuangedu.com.cn/Home/Index/homepage.html.

业 101：你的客户是谁?”(Entrepreneurship 101：Who is your customer?)。此外，还有一批课程是依托清华大学专门的创新创业机构开设的。例如，自清华大学 X-lab 创办以来，开设了“新技术的商业化”“创业领导力”“创业营销实务”“社会创新与创业”“设计思维驱动商业创新”等课程。

从课程类型上看，既有“创办新企业”“技术创业”“设计思维”“商业模式创新”“社会创新”等侧重启迪创业思维类的课程，也有清华大学机械工程系、美术学院、计算机科学与技术系提供的具有跨学科和技术融合性的课程。

2. 课程组织及教学方法

清华大学尝试将部分创业教育课程与专业教育相结合，从更深的层次上融入人才培养体系。由于 2009 年清华大学实行了本科生培养方案的改革，除了经管学院、X-lab 等单位，其他院系也负责一些本科生及研究生创业课程的教学与管理，如机械工程系、环境系和药学院等。这些院系开设的创业课程与其专业领域联系紧密。清华大学目前已重点建设了 15 门这种类型的挑战性示范课。根据计划，清华大学将在每个专业挑选一门核心课程，建设成为创新创业类挑战课，并计划在全校范围内建成“百门挑战课”，并希望每个学生在读期间至少修读一门此类挑战课。

在创业课程的教学方法上，更加注重师生互动，引导学生“做中学”。在课程考评方法上，学校尽量弱化学生的为了获得学分而修读课程的功利性。2015 年，清华大学推出了学生学业评价体系改革，用 12 等级制替代百分制，弱化对分数的关注，希望将学生的关注点引导到创新创业的能力和综合素质上。

此外，清华大学十分重视在线课程的教学形式，实现课程教学的线上线下协同发力。在线课程可以整合国内外创业教育名师和业界创业导师的资源，克服单一大学校园师资不足、创业教育课程体系不健全的问题，还可以方便感兴趣的同学利用碎片化的时间随时随地进行学习。

清华大学的各种创业大赛和各种创业活动也是创业教育课程学习与实践的一种有效补充。每年清华大学都会举办“挑战杯”中国大学生创业计划竞赛，到现在已经有十多年的历史了。2017 年，清华大学还主办了“互联网+”大学生创新创业大赛，还有已连续举办了 3 年的“清华校友创意创新创业大赛”等。这些大赛不仅为学生提供了创业实践的机会，还培育了很多成功的企业。

5.2.5 清华大学创业教育资源与环境

1. 创业教育师资资源

清华大学创业教育课程讲授者，不论是传统课程的教师，还是网络课程的老师，"既包括多年从事创业课程教学的教授和课程实践导师，也有业绩卓著、实践经验丰富的企业家和投资人，还有该校的知名组织如清华科技园和清华企业家俱乐部等。学习者可以将自身的实践与在线学习紧密结合起来，获得可见的学习效果"①。任课师资中，既有清华大学本校的老师，也有通过网络课堂的形式进行授课的世界名校的老师或是业界创业成功人士。

值得一提的是，清华大学通过"新雅书院"实施大学通识教育，为书院配备专门的导师，注重学生的学科交叉和创新创业能力的培养。新雅书院成立于2014年9月，成立初期生源来自校内的二次招生，学生分别来自各专业学院，他们在新雅书院接受通识教育，在原专业学院接受专业教育，学籍保留在原专业学院不变。2016年，新雅学院实体化，开始面向全国的高中生招生，录取到新雅学院的学生本科四年学籍均在新雅学院，一年级进校后不分专业，进行通识教育，从二年级开始在清华大学全校范围内选择专业。在通识教育阶段，新雅学院通过学科交叉，促进专业教育与通识教育的融合，培养学生的跨学科思维和跨文化理解能力，为今后的创新创业打下坚实的基础。

2. 创业教育平台与资金

清华大学重点打造"创+""iCenter 创客空间"和"X-lab"等"创意、创新、创业"教育平台，并以平台为依托建设物理空间，积聚硬件资源和资金等软件资源。

---

① 中央电视台. 清华大学：中国创业学院在线课程向社会开放[EB/OL]. http://news.cntv.cn/2015/03/24/VIDE1427191695127593.shtml.

(1) "创+"

大学生在创业训练的过程中，通常会遇到缺少场地、资金等问题。为了解决上述问题，同时也为了营造一种鼓励创新、挑战困难、包容失败的创业文化氛围，清华大学于2014年12月成立了"清华创+"的创业教育平台，通过平台整合各种创新创业资源，促进公益与商业相结合，线下与线上相结合，实现"创+空间""创+网站""创+实训"等创业平台延展，为有创业需求的大学生提供服务。

(2) "iCenter"

iCenter又称为"基础工业训练中心"(Fundamental Industry Training Center)。iCenter的口号是"传承工匠精神，弘扬创客文化"。该中心于2015年10月投入使用，使用面积达1.65万平方米，是目前全球最大的校园创客空间。iCenter通过资源整合，进一步完善了创新实践教学体系，以学生的个人兴趣为指引，以提高学生的实际动手能力为抓手，促进理工、人文、社会科学的学科交叉。iCenter希望通过面上普及和点上提高相结合、课内与课外相结合、理论与实践相结合，以及不同学科之间的结合，构建出分层次的创新创业实践教学体系。

(3) "X-lab"

"X-lab"是清华大学建立的集学生教育、团队培养、学科交叉、资源聚集的创业教育生态平台，依托清华大学经济管理学院，由经管学院、机械工程学院、美术学院、信息科学技术学院等14个院系合作共建，并与清华科技园、清华控股和清华企业家协会建立了战略合作伙伴关系。"X-lab"围绕学习、活动、资源和培育四个功能板块搭建平台，通过这一平台，实现校内各院系与校外企业、金融机构、专业服务机构、地方政府高新区的对接，搭建"创意创新创业"生态系统。"X-lab"为创业者提供了1 000平方米的物理空间(清华科技园B座B1层)，提供创业工作坊、驻校天使、驻校天使讲座和创业咨询服务。截至2016年9月，"X-lab"聘请了31位"驻校天使投资人"、23位"驻校企业家"，引入了9家专业驻场机构，与100多家中外投资机构建立了合作关系①，为学生搭建了一个资源越来越丰富的创新创业生态平台。

① 钱姿，邢晓丹. 走进清华研究生教改：打造"三位一体"的创新型平台，培育清华创新型人才：清华大学X-lab(X-空间)研究生教改项目[EB/OL]. http://q.dahe.cn/2016/09-13/107479866.html.

(4)"i-Space"

清华大学除了在北京校区本部建设创业教育平台外,还在北京校区之外建立了相关创新创业教育支持平台。例如,清华大学 2014 年 4 月在清华大学深圳研究生院成立了创业教育中心。2014 年 5 月,清华大学深圳研究生院与深圳市南山区人民政府合作共建了"清华南山协同创业中心"(简称 i-Space),聚合各种创新创业要素,促进跨学科人才的交流与合作。创业教育中心同时设立了i-Space 创业基金,为清华大学的学生和清华大学校友提供创业咨询和创业支持,孵化清华大学的优秀创业项目。

根据清华大学发布的"双创"示范基地建设方案,未来清华大学还将重点建设以下 5 个重点平台:① 清华大学"双创"在线教育与实践开放平台;② 清华大学服务于"双创"教育的跨学科创客实践平台;③ 清华大学服务于"双创"教育的国际化创新创业平台;④ 清华大学服务于"智能芯片+智能硬件""双创"开放平台;⑤ 清华大学服务于"双创"教育的创新医药平台[①]。

大学生创业离不开资金资源这一关键要素。为了解决这个问题,清华大学多措并举,广纳财源,为大学生创业提供金融支持。例如,通过各种类型的创业平台,吸引投资人或投资机构入驻,设立创业基金。上文提到的清华 X-lab 就吸引了 30 多位天使投资人和百余家中外投资机构,iCenter 也专门设立了"创客教育基金",基金采用申请审批制管理,学生按照要求提交项目申请材料,经过专家评审组的打分,获得相应分数,按照标准获得相应资助资格,享受资助权益。位于深圳的"i-Space"也设立了创业基金,支持清华大学全日制在校大学生和毕业不超过 3 年的清华大学校友、清华大学教职工及其他校友开展创业活动。目前已累计获得社会捐赠 1 200 万元[②]。

在支持大学生创业尝试的资金筹措方面,清华大学还积极发动校友资源,设立基础投资为 3 000 万元的"水木清华校友种子基金",专门用来帮助在校大学生和刚刚毕业的大学生创新创业。该基金由清华大学的多位校友共同出资,清华控股参与支持,旨在营造"鼓励创新、宽松创业"的互帮互助创业氛围,保证

---

① 清华大学教务处. 清华大学"双创"示范基地工作方案[EB/OL]. http://www.tsinghua.edu.cn/publish/jwc/10457/2016/20160914091131816311225/20160914091131816311225_html.

② 清华大学深圳研究生院. 创业教育中心概况[EB/OL]. http://www.sz.tsinghua.edu.cn/publish/sz/296/index.html.

校友创业者在可承担的风险范围内大胆地尝试创业。据悉，这是全国第一支全部用于学生和年轻校友创业的基金①。

3. 人脉资源

人脉资源是重要的创业资源。清华大学作为中国最著名的高等学府之一，既有广泛的校友资源，又有中国一流名校的办学声誉，因此拥有得天独厚的人脉资源。清华大学创业教育的人脉，可以划分为两类：一类是毕业于清华大学的校友，另一类是认同清华大学的社会各界人士。

在人脉资源的表现形式上，主要直接表现为授课支持和资金支持两个方面。例如清华大学面向全校开设的通识课程“创业导论”，就充分利用了清华大学的人脉资源，邀请了多名来自业界的成功人士讲授课程。清华创＋、iCenter、X-lab 等创业平台，均多方引入包括校友资源在内的人脉资源，担任各个创业模块的创业导师。在创业资金支持方面，清华大学通过创立“水木清华校友种子基金”、招募“驻校天使投资人”等方式，直接为学生创业注资。另外，清华大学的校友人脉资源还为清华大学的学生在实习实训基地、生意合作伙伴等方面提供了许多的便利。从 2012 年起，清华大学每年举办由清华企业家协会、清华科技园、经管学院等单位和团体联合参加的“清华创业年会”，年会上会有“创业答辩”环节，表现优异的学生创业者将参加创业接洽活动，有机会获得来自校友和社会各界的创业支持和资助。

4. 管理政策与组织保障

清华大学创业教育在管理政策上，注重不断完善创业人才培养方案，落实高校、科研院所等专业技术人员离岗创业政策，建立健全科研人员双向流动机制。通过政策改革，加速科研成果转化为创业教育资源，推动创业投资和创业孵化。构建大学生创业支持体系，在学籍管理上实行弹性学制，允许在校大学

① 林莉君. 清华大学 3000 万种子基金助力学生创业[EB/OL]. http://www.tsinghua.edu.cn/publish/thunews/9664/2014/20141103110019912207486/201411031100199122 07486_html.

生创业休学。

在组织保障方面，清华大学成立了“双创”示范基地建设领导小组，校长任组长，相关校领导任副组长，学校相关部门和单位负责人担任组员。为了切实落实学校的创业教育举措，领导小组下设工作小组，分管校领导任小组长，相关单位和院系基层工作人员或业务骨干担任小组成员。

在制度保障方面，清华大学对创业教育项目实行目标管理、绩效考核评价，明确工作任务和完成时间节点。在项目的建设过程中，坚持信息公开，主动接受各方监督。

在资金保障方面，一方面广泛争取创业教育的资金支持，管理好财政专项经费和社会捐赠，另一方面成立专项资金管理小组，做到科学监管，合理地分配资金，确保专款专用和资金使用效益最大化。在具体创业教育活动组织和管理方面，“三创平台”是一个值得借鉴的范例。

> 三创平台负责组织学校的创新创业活动，并且对创新创业团队进行管理，包括为学生团队提供资金、场地和培训等方面的支撑服务。(I15)

5.2.6 清华大学案例总结

清华大学的创业教育主要依托经济管理学院、机械学院和药学院，深圳研究生院也有部分创业教育课程。经济学院的创业教育课程主要针对具有经济学科背景的学生，分为本科、硕士和博士三个层次，具有集中性特点。而经管学院中的X-lab的创业教育具有普及性质，对全校师生开放，清华大学的创业教育还强调将教师群体包括进来。在其具体的创业教育模式中，创业教育的总体目标是培养具有国际视野的创新创业人才；清华大学的创业课程内容与国家的科技发展等紧密联系，高科技的特点比较明显；创业课程的设置体现出根据学生不同的需求来细分的趋势，同时重视通识教育课程的学习，以提高学生的综合素养。创业教育课程教学方法提倡实践动手操作能力和实际创业能力的培养。清华大学已改革其评价体系，创业教育课程的评估不采用百分制，而采用等级制。清华大学种类众多的创业大赛和活动是创业教育课程教学的有益补充和辅助；其创业教育模式具有优质的师资资源、硬件资源平台及人脉资源。学生对师生在教学等活动中保持的关系是满意的。另外，还有丰富的社会实践、实习及与政府和企业等的联系为学生的创业教育提供环境支持。清华大学的案例表明其创业教育以生为本的特点日益明显，但需要在课程目标、内容、评估方式及创业孵化等方面进一步提升。

5.3　复旦大学创业教育实践模式案例

5.3.1　复旦大学创业教育背景

复旦大学的创业教育课程出现的时间虽然晚于清华大学，但是复旦大学的创业教育在中国大学中仍然处于领先地位。早在1984年，学生的创业活动就已经在复旦大学的校园里出现了，复旦大学出现了第一个由学生创立的公司，到现在，这个公司已经发展成一个大型企业。复旦大学以通识教育及其课程而著称。复旦大学在国内率先推行通识教育改革，2005年9月，复旦学院的成立标志着其通识教育改革的实践正式开始。复旦大学本科生教育体系的改革，在教育理念及教学方法等方面对本科生的创业教育产生了积极影响，同时这些通识教育课程为学生今后的创业教育学习提供了良好的基础。与清华大学一样，复旦大学也肩负着为中国大学的创业教育探索新模式和新方法的责任。复旦大学创新创业教育改革方案及复旦大学“双创”示范基地工作方案相继出台，为复旦大学创业教育的发展确定了目标和行动方案。在进入21世纪后至今的这一段时间里，复旦大学创业教育经历的一些具有历史意义的事件如表5.2所示。

表 5.2 复旦大学创业教育大事记

时　间	事　件
2001 年	复旦大学开设了国内第一个创新创业 BBS 论坛
2004 年	复旦大学主办了其历史上第一个商业计划大赛
2006 年	复旦大学创业基金成立，这是一个为学生创业者提供资金的公益天使基金
2015 年	复旦大学出台《创新创业教育改革方案》
2015 年	首届中国高校创新创业联盟校长论坛在复旦大学举行
2015 年	复旦大学创新创业学院成立
2017 年	“新工科”研讨会在复旦大学举办，本次研讨会达成共识——将创新作为课程设置的核心，改革传统的工科教育
2017 年	复旦大学成为第二批国家“双创”示范基地之一

5.3.2 复旦大学创业教育目标

1. 总体目标

自 20 世纪 90 年代早期，复旦大学就开始将创新融入其教育目标之中。从 2005 年开始，复旦大学正式开始探索通识教育培育人才的方法。复旦大学一直以来将通识教育作为其创业教育的基础、培育人才的土壤，通识教育对复旦大学的创业教育有着深刻影响。复旦大学通识教育的核心是以人为本的教育理念；其目标是为学生提供全面的素质教育，向学生传递科学和人文精神，培育具有完全人格和创新思维的学生。经过多年的努力，复旦大学形成了具有自身特色的通识教育体系，达到了提升人才培养质量的目的。

2. 创业教育目标

复旦大学的创业教育具体目标超越了具体课程的范畴，在这些目标中包含着复旦大学正在积极进行的创业教育改革举措。

① 复旦大学以宽厚的通识教育、动手实践的教学方法以及地区创新协同网络为基础发展其创业教育。复旦大学创业教育的指导思想与清华大学是一致的，即将创新创业融入整个人才培育过程和体系之中。复旦创业教育目标是双重的：一方面建立独特的创业教育模式，为其他研究型大学树立榜样；另一方面营造有利于大学生创业成功的创业教育氛围。这一双重目标表明复旦大学作为顶尖研究型大学在回应政府的要求和学生需求方面积极行动。

② 复旦大学不断提高人才培养质量评估标准。复旦大学执行新的本科生教育评估体系。新的评估体系以教育目标为导向，评估教育目标、课程设计、师资资源及学习效果。复旦大学为提高学生的创新创业能力设立优秀本科生奖项。

③ 发展具有交叉学科背景的新学科及实验室，以培养学生的创新能力。复旦大学构建"创新—创意—创业"课程体系，聚焦相关学科最新学术和研究进展。

④ 复旦大学致力于改革教学方法。复旦大学培养学生的批评思维能力和创业精神，提高专注于实践的体验式教学比率，开发网络教育平台。

⑤ 复旦大学加强与地方政府和企业的协作。通过"大学—政府—企业"的三螺旋关系，复旦大学推动大学生的技术转让和创业活动。

⑥ 复旦大学改革大学的管理政策及方法。为了鼓励学生创业，复旦大学制定了一系列政策措施，如制定灵活的各学年的学习要求并允许学生休学创业。同时改革学分制度，将参与创业项目的实践纳入学分体系中。复旦大学支持上海地区大学之间学生转移学分的做法。

⑦ 复旦大学加强教师的创业教育培训，以提高师资能力。引进有经验的企业家为教师做讲座，并且派遣教师到企业实地访问和学习。

⑧ 复旦大学加强对创新创业教育的资金支持。将从企业和其他组织引入投资和基金以保障大学的创新创业资金。继续发展本科生学术研究资助平台，继续为硕士研究生和博士研究生的研究提供经费支持。继续扩大创新创业中心，与其他院校、科技园和社区合作，建设校外创新创业空间。

复旦大学作为我国最早实行创业教育的高校之一，具有坚实的科研与教学力量。因此，与清华大学一样，复旦大学的创业教育同样肩负着探索中国特色创业教育模式的使命，同时为其他高校的创业教育实践提供借鉴。

5.3.3 复旦大学创业教育学习者

复旦大学的创业教育具有浓厚的通识教育特色。复旦大学创业教育重点针对的是本科生，全校每年有500多个本科生创新创业项目得到资助，参与项目的学生人数比例占每届本科生招生总数的30%以上。复旦大学创业教育培养的学生是具有广博学科知识素养和能独立思考、探索未知意识的群体。复旦大学按学生创业意愿的强弱将创业教育学习者群体分为两类：一类是需要普及创业意识和知识的全体本科生；另一类是具有较强创业意愿的学生，但是在创新创业相关的知识、技能方面有待进一步提高。复旦大学的创业教育对本科生和研究生学习者群体有不同的培养侧重点。针对本科生的创业教育强调提高学生的综合素质，当然也有本科生学术研究资助平台；而针对研究生的创业教育则注重提高学生的理论与实践创新能力。

复旦大学的创业教育学习者群体还包括大量的留学生。复旦大学目前有较稳定的长期留学生将近4 000人，分别来自120多个国家和地区，其留学生规模在“985”高校中居首位。这些留学生具有强烈的创业动机和创业激情，他们自发组织成立了复旦大学留学生创业社团(Professional International Student Association，简称PISA)。复旦大学为留学生中的创业教育学习者提供政策咨询、平台搭建和创业指导等服务，并专门为留学生建立了实习基地和创新创业基地。

5.3.4 复旦大学创业教育课程与方法

复旦大学将大学生的创业教育课程正式纳入学校的培养方案。自2015级开始，本科生毕业的基本要求中必须包括“创新创意创业”通识专项教育课程的1个学分。“创新创意创业”通识专项教育课程的学分可以通过多种途径获得：① 修读“创新创意与行业发展”课程；② 修读“创新创意创业”学程课程；③ 在本科期间参加8次“创新创意创业讲堂”的讲座；④ 在通识教育选修课程中修读经开课院系认定的与“创新创意创业”专项教育课程性质相符的部分经管类、社会类课程，以达到“创新创意创业”专项教育的必修要求。

1. 课程布局

复旦大学创新创业教育课程体系主要由两个层次、五种类型构成。

(1) 两个层次

第一层次，面向全体本科生，旨在培养学生创新创业意识、激发学生创新创业动力的普及课程；第二层次，面向有较强创新、创业意愿与潜质的学生，旨在提高其基本知识、技巧、技能的系列课程。

(2) 五种类型

创新创业教育课程共分为五种类型：专项课程、学程课程、认定课程、海外课程、创新创业大讲坛。具体课程情况如下：

① 专项课程："创新创意与行业发展"课程，如表 5.3 所示。学生只需从教务处提供的此类课程清单中选修一门课程，即可满足通识教育模块"创新创意与行业发展"课程的必修要求。

表 5.3 "创新创意与行业发展"课程

课程名称	课程代码	学分	周学时	开课学期	备注
传统文化资源的保护与利用	CHIN115001	1	1	春秋	
文物艺术品保护与修复	MUSE115001	1	1	春秋	
旅游创新创业理论与实践	TOUR115001	1	1	春秋	
哲学视野下的价值关怀与创业实践	PHIL115001	1	1	春秋	
外语专业创新创业理论与实践	FORE115001	1	1	春秋	
社会组织公益创新与创业设计	POLI115001	1	1	春秋	
互联网公共服务创新创意	POLI115002	1	1	春秋	
文化创意产业	JOUR115001	1	1	春秋	
法科大学生的创新与创业	LAWS115001	1	1	春秋	
金融创新	ECON115001	1	1	春秋	
设计创新思维下的精益创业	MANA115001	1	1	春秋	
创新创业与职业伦理	PTSS115001	1	1	春秋	
社会问题和社会创新	SOCI115001	1	1	春秋	

续表

课程名称	课程代码	学分	周学时	开课学期	备注
心理健康教育行业创业与发展	SOCI115002	1	1	春秋	
创意可视化设计	FINE115001	1	1	春秋	
创意网络视频策划、制作与营销	FINE115002	1	1	春秋	
微电影编剧的方法与实践	FINE115003	1	1	春秋	
纳米艺术的思维、审美与创造	FINE115004	1	1	春秋	
留学生创新与创业	ICES115001	1	1	春秋	
天才引导的历程——数学史上的重大发现	MATH115001	1	1	春秋	
物理学的新启示	PHYS115001	1	1	春秋	
化学:探究与拓展	CHEM115001	1	1	春秋	
生物技术产业与大学生生涯发展	BIOL115001	1	1	春秋	
核事业与行业发展	TCPH115001	1	1	春秋	
计算机与互联网的未来	COMP115001	1	1	春秋	
信息科学技术的创新创业与发展	INFO115001	1	1	春秋	
软件技术创新	SOFT115001	1	1	春秋	
工程创新思维与方法	ENVI115001	1	1	春秋	
石墨烯:神奇材料的新机遇	MACR115001	1	1	春秋	
材料科学前沿与商业应用	MATE115001	1	1	春秋	
航空航天技术发展导论	MECH115001	1	1	春秋	
生物医学信息技术的变革与展望	MED115001	1	1	春秋	
移动医疗	MED115002	1	1	春秋	
生物医药的创新、转化与创业	PHAR115001	1	1	春秋	
大数据在健康产业中的应用	PHPM115001	1	1	春秋	

资料来源:复旦大学教务处《复旦大学 2016 年本科教学培养方案》。

② 学程课程:面向有较强创新、创业意愿与良好潜质的学生,开设具有公共性的“创新创业实践学程课程”和具有针对性的“创新创业实战学程课程”,如表 5.4 所示。目前复旦大学开设的学程课程是“现代商事法务”,该门课程共 15 个学分,其中必修课程计 6 个学分共 2 门课程(“商法”“经济法”),选修课程需

要修满 9 个学分，学校提供了 11 门课程供选择。“现代商事法务”学程课程供非法律专业学生修读，学生在该类课程列表中选修一门即可完成“创新创意创业”通识教育专项教育修读要求。学生如果修读完该学程课程的规定学分，毕业时可以申请获得“现代商事法务”学程证书。

表 5.4　“创新创意创业”学程课程

课程名称	课程代码	学分	周学时	开课学期	备注
商法	LAWS130012	3	3	春秋	必修课程
经济法	SOSC120016	3	3	春秋	
知识产权法	LAWS110004	2	2	春秋	选修课程
合同法的理论与实践	LAWS110013	2	2	春秋	
交易法律制度	LAWS110016	2	2	春秋	
国际经济合同	LAWS110009	2	2	春秋	
公司法	LAWS130025	2	2	春秋	
证券法	LAWS130032	2	2	春秋	
票据法	LAWS130033	2	2	春秋	
国际金融法	LAWS130029	3	3	春秋	
国际投资法	LAWS130036	3	3	春秋	
国际税法	LAWS130037	3	3	春秋	
国际商法	LAWS130052	3	3	春秋	

资料来源：复旦大学教务处《复旦大学 2016 年本科教学培养方案》。

③ 认定课程：在通识教育选修课程中，由院系提供一批与“创新创意创业”相关的课程，学生从中选择修读其中一门课程，也可以完成通识教育“创新创意创业”专项教育课程修读要求，如表 5.5 所示。

表 5.5　“创新创意创业”认定课程

课程名称	课程代码	学分	周学时	开课学期	备注
创新与创业	MANA116001	2	2	春秋	
现代物流管理	MANA110021	2	2	春秋	

续表

课程名称	课程代码	学分	周学时	开课学期	备注
管理沟通	MANA116028	2	2	春秋	
产业经济学概论	MANA110039	2	2	春秋	
创业企业战略与机会选择	MANA110054	2	2	春秋	
市场调研	MANA110055	2	2	春秋	
市场营销导论	MANA110056	2	2	春秋	
现代投资学	MANA110057	2	2	春秋	
信息技术管理	MANA110058	2	2	春秋	
质量管理	MANA110060	2	2	春秋	
国际财务	MANA110064	2	2	春秋	
人口、资源、环境与经济发展	ECON110011	2	2	春秋	国际合作课程
外国经济思潮	ECON110015	2	2	春秋	
信息化与网络金融	ECON110016	2	2	春秋	
证券投资与技术分析	ECON110017	2	2	春秋	
中国经济改革及社会政治变化	ECON110030	3	3	春秋	
国际金融与贸易	ECON110034	2	2	春秋	
货币与金融市场	ECON110035	2	2	春秋	
国际经济学	ECON110038	2	2	春秋	
成功心理素质训练	SOCI110007	2	2	春秋	
大学生生涯规划与发展	SOCI110023	2	2	春秋	
大学生就业指导	SOCI110024	2	2	春秋	
大学生创业导论	SOCI110031	2	2	春秋	
心理、决策与公共管理	SOCI110045	2	2	春秋	

资料来源：复旦大学教务处《复旦大学2016年本科教学培养方案》。

④ 海外课程：依托复旦大学北欧中心（丹麦、挪威、瑞典、芬兰等国家的名校）等机构，以及与复旦大学有合作关系的美国加州大学、新加坡管理大学、哈佛大学上海书院等合作高校的优质“创新创业”课程，提高大学生在不同文化环境下的创业能力。

⑤ 创新创业大讲坛：将学生听讲座纳入创新创业课程体系。根据笔者

2018年9月最新的调研，目前复旦大学创新创业专项课程已扩展至52门，认定课程24门，学程课程14门。

2. 课程教学组织方法

通识教育创新创业专项教育课程，即“创新创意与行业发展”课程，聚焦开课院系所属学科发展过程中的创新或突破对相关行业的发展带来的重大影响。该课程的开课要求和组织方法如下：

① 课程申请经院系教学指导委员会同意后，由院系向教务处提出。

② 开课方式应为有创新创业指导或从业经验的校内教师，联合产业界的杰出人士（即外聘创新创业课程导师）联合开设；课程主持人须为校内在职教师，外聘创新创业课程导师授课时间不得少于总课时的三分之一。

③ 创新创业课程成绩计入绩点。考核标准参照中国互联网＋创新创业大赛的报名要求。学生在教师团队指导下，组队进行项目规划、研讨，在课程结束之时提交商业计划书、路演文件和视频。

④ 原则上要求各春秋学期均开课，暂停开课的申请需经院系教学指导委员会同意后，提交教务处备案。

⑤ 在教学方法上，注重强化创业意识、创业精神和创业能力的培养，同时积极引入现代教育技术，依托教师教学发展中心，运用大数据分析，掌握不同学生学习习惯和需求，实现个性化培养。通过开展讲座、论坛、研讨、学术会议等形式，推广运用先进的教育理念和教学方法，如“成效为本”的教学理念及“慕课”“微课”“翻转课堂”“对分课堂”等教学形式，探索实施混合式教学，推动专业课堂教育与业界动态、行业实训有机融合。

目前各类创业课程总计大概有90门，授课教师都是经过认定的创新创业课程授课老师，大概有100多人，其中有些是以团队形式授课。（I16）

5.3.5 复旦大学创业教育资源与环境

1. 创业教育师资资源

复旦大学创业教育师资主要来自于校内各院系的专业老师和从社会上聘请的业界创业成功人士和创业导师，还包括“海外课程”的外籍教师，以及创新创业类“慕课”的线上师资。复旦大学非常重视对创业师资的培训，复旦大学设有国家教师与教学发展中心，常邀请有经验的企业界人士为教师做讲座，并定期派遣教师去企业实地考察和学习。

在创业教育师资安排方面，主要有三种形式：

① 校内校外联合开设课程的模式，例如“创新创意与行业发展”课程就是由专业院系的老师联合业界的创业成功人士共同开设的。为了保证课程质量，复旦大学教务处规定业界老师承担的课时不低于总课时的三分之一。

② 单独聘请校外辅导老师的模式，例如复旦大学 2015 年成立的创新创业学院从社会上的创业投资机构、创业领军企业聘请了 50 名创业导师，为学生提供与业界真实需求相关的创业项目，指导学生进行创业实习和实训。再如，复旦大学“大学生创业园”，从上海聘请了政府部门人员、投资界专业人士、企业高管等校外人力资源组成创业导师团。

③ 以复旦大学的若干书院和创新创业学院为平台，聘请企业界、科学界以及创新创业领域的杰出代表开设“创新创意创业大讲堂”等各类讲座，通过这些“外援”师资，让学生近距离接触业界的创业经验，了解创业的艰辛和经验，启发大学生的创业精神，激发大学生不甘平庸的创业斗志。

2. 创业教育平台与资金

复旦大学的创业教育平台可以分为校内和校外两大类，在注重创业教育的同时，加强学校与校外创业资源的对接，深化政产学研合作，建立大学生创业扶持体系，完善大学生初创企业孵化链。

① 校内平台:复旦大学校内建立了多个支持创新创业的教育平台。笔者选取其中影响较大的“创新创业学院”和成立时间最久的“光华创新学院”进行简要介绍。“创新创业学院”成立于2015年。该学院根据国家发展和上海科创中心建设的需要,建立了分工明确的协作机制、灵活的导师聘用机制、宽松的学籍进出机制、导向明确的成果孵化机制、简便的学生社团创建机制。学院设立了多个创新学部(Inno-Groups)、创新交叉实验室(X-lab)、创新实训湾、创新工作坊(Inno-Workshop)、创新外联部、创新咨询部,以及由学生自主创立的丰富多彩的创新俱乐部。创新创业学院作为学校官方创业教育平台,学院的实践项目纳入学校的培养方案。“光华创新学院”成立于2014年,其前身可以追溯到成立于1984年的“咨询科技开放公司”,是一家由复旦大学生自创的创业公司。“光华创新学院”依托“光华公司”,根据公司自身的业务内容为复旦大学的学生提供“创新-实践”的真实创业训练。

② 校外平台:复旦大学高度重视构建区域创新创业协同平台。复旦大学联合国家大学科技园、上海市科技创业中心、杨浦科技创业中心,共同成立了“复旦科技园创业中心”,形成了“高校+创业孵化器”的大学生创业孵化链。复旦大学与上海市杨浦区、徐汇区、宝山区、嘉定区、虹口区、浦东新区等城区建立了合作关系。2003年复旦大学与杨浦区共同提出“三区融合(校区、园区、社区),联动发展”战略思路。经过多年的建设,在复旦大学周边的江湾、五角场、大柏树5平方千米区域内形成了“复旦创业走廊”,聚集了技术转移、产业孵化、投资融资、海归人才、科技园区等多种创新要素和创业资源,形成政产学研的深度融合。此外,复旦大学还建立了国家级“复旦科技园创业中心”,目前正在筹划建设复旦江湾科技园,汇聚众多高新科技企业,形成创业聚集区。复旦大学同宝山区政府签署了《关于全面加强战略合作推进创新驱动转型发展框架协议》;在徐汇区建设了“复旦枫林科技园”和“复旦-徐汇产学研合作基地”。覆盖复旦大学周边区域的创新创业生态渐成规模。

在创业教育的资金支持方面,复旦大学早在21世纪初就十分重视资金对大学生创业的作用,2005年复旦大学成为上海市大学生科技创业基金的首批受理点。2006年,复旦大学成立了复旦创业基金,作为非盈利的公益天使基金,为大学生创业提供资金帮扶。为了支持“创新创业学院”的建设,复旦大学先期拨付了1 000万元作为启动经费,同时在“创新创业学院”内部设立了创新种子基金。复旦大学泛海公益基金会向复旦大学整体捐赠7亿元,支持复旦大学教育事业发展。此笔捐赠中特别设立规模为5 000万元的"复旦大学创新创业学院泛海发展基金",用于支持复旦大学创新创业学院的筹建、课程建设和人才培养[①]。此外,复旦大学也鼓励大学生争取政府和社会设立的各种创业资金的支持。例如,复旦大学的大学生积极申请上海市大学生科技创业基金的支持,目前已有192个大学生创业项目通过基金评审,140家创业企业获得资助资金1 700多万元[②]。

> 复旦大学特别设立了'创新创业学院泛海发展基金'专门用于支持学生创业。大概是5年5 000万元,平均一年1 000万元,对学生创业的支持力度是很大的。(I17)

3. 人脉资源

复旦大学重视人脉资源对于大学生创业的重要性。复旦大学一方面注重培养大学生积累创业人脉的意识和能力(例如依托创新创业学院,积聚创业导师和志同道合的创业伙伴),另一方面积极吸引复旦大学校友和关心复旦大学创业教育发展的社会各界人士支持复旦大学创业教育。除了邀请企业界成功人士来复旦大学担任创业导师或开展创业讲座外,还积极争取校友和社会捐赠。上文中提到的向复旦大学捐赠7亿元的泛海公益基金,就是由复旦大学经济学院校友、中国泛海控股集团董事长、党委书记卢志强捐赠的。

复旦大学周边区域正在建设国家级创新创业积聚区,沿"复旦创业走廊"积聚形成了复旦大学校友创业人脉圈。正如复旦大学毕业生李军所说,"复旦大学的创业人有一个圈子,这里(国定路一带)很容易遇到熟人,同行比较多,可以进行经常性的交流,相关活动参与起来也比较方便"[③]。广泛的校友创业人脉,不论对在校大学生进行创业实习,还是对刚出校门的大学生进行创业尝试来说,都是一种得天独厚的优质创业教育资源。

① 卢晓璐,钟凯旋,陈文雪.上海复旦大学教育发展基金会与泛海公益基金会举行捐赠签约仪式[EB/OL]. http://news.fudan.edu.cn/2015/1221/40640.html.

②③ 复旦大学新闻中心.提升育人质量,服务国家需求:综合性大学创新创业教育改革的复旦模式探索[EB/OL]. http://news.fudan.edu.cn/2016/0620/41798.html.

4. 管理政策与组织保障

复旦大学为了推进大学创业教育，积极进行相关管理政策的配套改革，根据实践需要优化制度设计，同时加强组织保障和质量控制。以创新创业学院的运行管理机制为例，创新创业学院院长由校级领导担任。院务委员会是负责学院重大事务的决策机构，学院理事会为学院发展提供咨询和为外联筹款提供服务支持，学院的导师委员会负责学院学生的遴选、创业项目评审、学分认定、毕业答辩、各种奖励评定等工作。

在组织保障方面，学校成立校党委领导下的创新创业教育改革领导小组，由校党委书记和校长担任组长，成员由校党委委员和副校长组成。成立领导小组，从组织上保障创新创业教育改革能扎实、高效和深入地推进。

在制度保障方面，学校推进创新创业教育的工作制度改革，对校内打破院、系、部门之间的藩篱，在学校形成跨学科、跨部门、跨院系的协同合作机制，形成工作合力；对校外加强跨校、跨行业、跨区域的协同，强化区校联动、深化产学研合作、成果转化和大学生创业孵化。

在质量保障方面，建立创新创业课程和创新创业学院项目的准入制度、退出制度和质量监控制度。组织创新创业教育专家团队，有计划地开展课程质量检查评估和项目质量测评，保障创新创业教育的水平和质量。

> 关于对创业教育的支持政策，主要是在资金、场地、人员和机制方面。在场地方面，有一座楼都给了创新创业学院；在人员方面，创新创业学院没有正式编制，都是兼职的；机制上目前复旦大学实行弹性的创业教育管理政策，允许学生休学创业。另一个特别的是设立‘大学生创新创业实践Ⅰ’和‘大学生创新创业实践Ⅱ’课程，这算是一个实际支持，也就是说在三大创新创业赛事中获得国赛和市赛相应名次的学生可以来申请这门课程的成绩，可将学生的创新创业实践认定为学习过程和学习成果。(I18)

5.3.6 复旦大学案例总结

复旦大学的创业教育主要采用全校普及的形式。依托书院制实行通识教育,并且非常重视留学生群体的创新创业教育,取得了较好的效果。复旦大学的创业教育重视在提升学生综合素质的基础上开展创业教育,强调创新性和宽厚的人文精神特色。复旦大学的创新创业教育课程体系可概括为两个层次和五种类型。其中两个层次面对的是两个不同学生学习群体;五种类型则是依据课程的应用领域和管理方式来划分的。在课程设置上,重视培养学生的创新创业基础素养,以及开阔学生的国际化视野;复旦大学的创业课程有必修和选修两种修读形式,学习成绩采用绩点制计入学分,创新创业课程的成绩评估参照创业大赛评价规则,没有书面考试。复旦大学的创业教育充分发挥其区域优势,为大学生的创业教育提供充足的资金、物资、场地和人力资源;大学与政府和企业具有良好的合作网络,为学生的创新创业提供了强大的社会环境支持。同样,从复旦大学创业教育案例的分析可以看出,复旦大学的创业教育以学生的创新创业能力培养为核心,但在课程设置包括课程内容、课程评价及创业孵化等方面还需要继续提升质量。

第6章　基于人本主义教育视角的中美研究型大学创业教育案例比较

6.1　中美人本主义教育思想背景比较分析

美国人本主义教育思想的诞生，具有悠久的人本主义哲学基础，同时是针对当时美国教育缺乏对人性的尊重、教育面临危机的情况而兴起的。人本主义教育思想在20世纪六七十年代的美国曾盛极一时，当时很多的教育改革运动及教学方法的兴起都与人本主义教育思想直接或间接相关，人本主义教育理论主张的以学生为中心的教育模式在全国逐渐成为主流模式，人本主义教育思想对后来的美国教育及社会生活各方面具有深远的影响。后来的一些学校的改革、实验及学科等方面的革新都深受人本主义教育思想的影响。

人本主义教育思想的代表人物马斯洛、罗杰斯、弗洛姆及奥尔波特都有丰富的大学从教经历，他们将人本主义教育思想广泛传播于他们所工作的大学里，如布兰戴斯大学、俄亥俄州立大学、哥伦比亚大学、纽约大学、密西根州立大学和哈佛大学等。尤其是罗杰斯，他在大学成立咨询中心，并将从咨询实践中获得的经验应用到大学教育中。直到现在，美国大学实行的素质教育（liberal education）和通识教育（general education）以及各大学的创业教育中流行的体验式教学，都与人本主义教育思想密切相关。

我国古代很早就有人本主义思想萌芽。春秋战国时期的管仲提出了以人为本的治国理念。而孔子与孟子的执政思想和教育思想中也有明显的以人为本、以民为贵的理念。道家代表人物老子的思想中以人为本的特征则更为鲜明。20 世纪 50 年代以后，马克思主义成为中国的主导哲学思想，而马克思主义中包含丰富的人本主义哲学理念。20 世纪五六十年代，中国的一些著名高校开设一些课程，对西方人本主义思想进行介绍。七八十年代，更多的西方人本主义思想和专著被介绍到中国。其相关研究进一步深入。更多的高校开设现代西方人本主义思潮及西方马克思主义等课程，同时培养相关学科专业的研究生学位层次人才。这一时期形成了对西方人本主义介绍与研究的热潮。然而，由于受赫尔巴特和当时苏联凯洛夫以教师为中心的教育思想影响较深，以学生为中心的人本主义教育思想在我国并没有达到主流教育思想的地位。

作为我国指导思想的马克思主义所包含的人本主义思想与西方的人本主义思想在很多方面具有差异，最集中地体现在对“人”的本质和价值的认识方面。西方人本主义思想中的“人”是个体的人，其价值体现在个体存在的感受、个体的自由及个性的解放；而马克思主义中的“人”是与全部人类活动和人类关系相联系的，其本质不是单个的个体而是一切社会关系的总和，因此人的价值的实现不只是个体需要的满足，也体现了集体和社会利益的实现。这两种人本主义思想差异也导致了中美人本主义教育思想的不同认识。美国人本主义教育思想以学生个体的需要、感受和自由为核心，强调个人价值的实现；而我国对人本主义教育思想的诠释则注重集体的人，认为学生个体的需要和利益应该服从于集体和国家的需要和利益。

6.2　人本主义教育视角下中美研究型大学创业教育案例比较分析

6.2.1　中美研究型大学创业教育目标比较

由于哈佛大学历史比美国建国历史还长，“先有哈佛，后有美国”的说法已众所周知，哈佛大学一向是以培养精英人才著称的。哈佛大学的创业教育目标定位是培养具有领导力的精英人才；而马里兰大学则明确指出其创业教育目标是在校园中培养大胆创新的人才，以重塑和打破常规并带来新的变化。与哈佛大学相比，马里兰大学作为后起之秀，其创业教育目标更激进和明确。在创业教育具体课程目标方面，两所大学都基于学习者的需求及创业能力的培养，在课程设置及教学方法上设定具体的培养目标。哈佛大学的办学定位是面向全球、培养世界的领导者。其创业教育目标不仅包括培养学生的创业实践能力，还有对创业理论或问题的分析和掌握能力，所以哈佛大学培养的是既精通创业和管理理论又擅长相关实务的国际化的领导人才。马里兰大学虽然建校历史也有 160 多年，但是其创业教育在进入 21 世纪后才开始迅速发展。马里兰大学的创业教育立足推动马里兰州的经济和教育的发展，其创业教育的目标主要是培养能推动本州经济发展的创业人才，其区域性特点比较明显。马里兰大学的创业教育紧跟时代发展的步伐，不仅注重理工科类的创新创业教育，也积极发展与社会可持续发展有关的企业类创业教育及公益性的社会创业教育，突出其创业教育中的人文关怀精神。

清华大学的创业教育目标虽然仍以人才培养为核心，但是很显然，在人才培养和科学研究之外，清华大学还突出其服务社会及传承文化的使命。同时清华大学坚持将通识教育与学生的个性发展相结合，培养具有国际视野和创新精神的尖端人才，在创业教育方面清华大学与一些国际名校也有合作。其创业课程项目的目标定位是:培养具有国际影响力的科技企业领袖以及集高端、复合型、创新型特质于一体的人才。目前清华大学正朝着领跑国际的“双创”研究型大学的目标努力。另外,在国家推动“双创”教育的环境下,作为中国最顶尖的大学之一,清华大学还肩负着探索有中国特色的创业教育模式并为其他高校的创业教育提供参考的责任,例如,清华大学目前正积极运作的“双创”示范基地建设正体现了这一目标。因此,清华大学的创业教育目标集培养人才、服务社会和树立楷模为一体。

复旦大学的创新创业一直是学校关注的重点。党的十八大后复旦大学对其创新创业教育战略做了进一步的调整。复旦大学创业教育的核心是提升创新的能力及提高人才培养的质量;其发展战略是以创新驱动发展,以服务国家经济发展及社会的需求为导向;同时全面整合校内和校外的优质资源。通过创新创业教育战略的调整,真正达到将创新创业融入整体的人才培养体系之中的目标。复旦大学的创业教育一方面依托上海地区的资源优势,另一方面服务上海区域的经济及社会其他领域的发展。

总之,从对哈佛大学、马里兰大学、清华大学和复旦大学的创业教育目标的比较中,不难发现中外研究型大学创业教育的差异:中国研究型大学的创业教育目标基本上是三合一型,即培养人才、服务社会、树立模式;而美国研究型大学的创业教育主要是二合一型,即培养人才和推动经济的发展。同时,即使是同一个国家,不同的大学也因其学校不同的功能定位、所处区域、办学理念等而不同。这四所大学的案例也印证了基于人本主义视角的创业教育模式的灵活性。

6.2.2 中美研究型大学创业教育学习者比较

哈佛大学的创业教育是以商学院为主体的,其创业教育目标学习者主要是具有商科背景的 MBA 学生以及其他相关专业硕士研究生及博士研究生。而哈佛大学工程学院的创业教育以具有理工科背景的本科生为对象。此外,哈佛大学的 TECH 中心和洛克创业中心的创业教育则针对全校范围的各层次学习者,甚至还包括其各届已毕业的校友。哈佛大学是一所高度国际化的大学,尤其是商学院的学生来自世界各地,包括各个种族和民族,其创业教育学习者群体中人口统计背景和行业及教育背景各式各样，充分体现了哈佛大学作为国际名校的国际化和兼容并包的特性。哈佛大学还设有针对在职高级管理人员的创业教育，同时哈佛大学的在线网络创业教育每年都吸引大量的、全球各地的学习者。此外，哈佛大学还与世界其他国家的著名高等学府合作，在各个国家建有教学中心等线下场所，进行创业教育，其目标学习者都是各国经济、管理和创业领域的成功人士。

马里兰大学在国际上也享有盛誉，但是马里兰大学作为马里兰州的州立大学，肩负着推动本州区域经济发展的责任，包括提升本州青年人口的文化素养和就业率等。由于其本科生数量在学生总人数中占绝大多数(约 64%)，因此也决定了其创业教育以本科生为主要目标群体的特点。马里兰大学工程学院的创业教育发展迅速，其针对的创业教育学习者群体主要是具备理工科学科基础的本科生，也有一些针对研究生的创业课程项目。而马里兰大学的创新创业学院的创业教育则针对全校对创业教育感兴趣的学生，当然也包括研究生。马里兰大学的新生创新研究计划(FIRE)是针对刚进大学校门的一年级新生设置的具有创新创业教育性质的课程项目。马里兰大学的丘比特杯商业计划大赛针对所有在校学生。除了线下教育，马里兰大学也有硕士研究生层次的线上网络创业教育课程。另外，值得一提的是，马里兰大学的创业教育还有针对初高中学生的课程项目，并且马里兰大学一些院系会组织学生去州里的小学和幼儿园举办一些创业教育活动，为孩子们普及创新创业的意识和知识。

清华大学是中国的顶尖研究型大学之一。目前全校在学学生有 47 000 多人，其中本科生有 15 000 多人。清华大学的创业教育主要依托经管学院以及 X-lab 等院系和平台。经管学院的创业教育针对本科生、硕士生及博士生，各层次都有。其创业教育针对的学习者群体主要是具备商科背景的学生。X-lab 是针对全校学生开放的创业教育活动平台。参与 X-lab 创业教育的学生来自全校各个专业学科及学位层次，以本科生居多。清华大学的创业教育包括学生、校友和教师等多个群体。清华大学与多个海外著名大学合作开发创业教育课程，如华盛顿大学、加州大学伯克利分校及帝国理工大学，这些合作开发的创业教育课程项目针对研究生层次的学习者群体，包括博士生。

复旦大学的创业教育具有浓厚的通识教育特色。复旦大学创业教育的重点是针对本科生，全校每年有 500 多个本科生创新创业项目得到资助，参与项目的学生人数比例占每届本科生招生总数的30%以上。复旦大学创业教育培养的学生是具有广博的学科知识素养和独立思考、探索未知意识的群体。复旦大学按学生创业意愿的强弱将创业教育学习者群体分为两类：一类是需要普及创业意识和知识的全体本科生；另一类是具有较强创业意愿的学生。复旦大学的创业教育对本科生和研究生学习者群体有不同的培养侧重点。针对本科生的创业教育主要强调提高学生的综合素质，而针对研究生的创业教育则注重提高学生的创新能力。

如前所述，复旦大学的创业教育学习者群体还包括大量的留学生。他们自发组织成立了复旦大学留学生创业社团。复旦大学为他们提供政策咨询、平台搭建和创业指导等服务，并专门建立了实习基地和创新创业基地。

通过比较不难发现，哈佛大学与马里兰大学在创业教育学习者的划分上层次更多，也更细致，并且哈佛大学与马里兰大学的创业教育学习者更多地参与大学所在社区的创业活动，与社区的联系更密切。美国两所大学的创业教育学习者群体已向低龄化发展，如马里兰大学的创业教育课程的学习者群体扩大到了初高中生。中国两所大学的创业教育学习者群体主要是在校的大学生及部分毕业生及社会人士，在职人员较少，也还没有出现中学生群体。

6.2.3　中美研究型大学创业教育课程与方法比较

哈佛大学的创业教育课程体系完整，覆盖本科生、硕士生和博士生。哈佛大学的通识教育对其创业教育产生积极影响。在专业背景方面，哈佛大学的创业教育课程主要集中于商学院和工学院。哈佛大学商学院的创业课程涵盖与创业有关的理论与实践、创新与管理等贯穿于企业整个生命周期各个方面的主题。课程的内容是基于培养学生面对实际商务问题时的思考和解决问题能力。这些课程所培养的学生的能力构成了一个优秀的企业创立者和管理者所需的完整能力体系。而且哈佛大学的创业课程还注重开阔学生的国际视野，开设了对世界各地商务环境的考察和研究课程，培育学生在创业领域的国际化视野与能力。正因为其创业课程的完备性和系统性，切实提升了学生的创业能力，哈佛大学的学生中大约有50%在毕业后的5到10年里都创立了自己的企业。哈佛大学工程学院的创业教育课程以科技创新创业为特色。培养学生创立高科技企业的创新与创业能力。哈佛大学商学院的课程没有教材，只用教师编写的案例进行教学。案例教学及领导力开发实地浸入体验(FIELD)教学等体验式教学方法是哈佛商学院的教学特色，课程评估方式是书面与口头相结合，有时候要求提交论文。而工程学院的创业教育课程既没有教材也没有教学大纲。工程学院课程的教学方法以学生为中心，为学生提供基于技能与实践的体验式教学方法，让学生在动手实践中学习，同时为学生提供及时且周到的咨询服务等。工程学院的创业教育课程评估方式中没有书面的测试，学生成绩以完成上课、参加会议等为依据，并且课程评估方式中还包括学生对该门课程的评价。

马里兰大学的创业教育课程主要针对本科生。承担创业教育的单位不同，其创业教育课程特点也不同。创新创业学院的课程分为创新类和创业类两种。第一种侧重培养学生的创新思维；第二种侧重培养学生的创业能力，两类课程相得益彰。马里兰大学工程学院的创业课程将创业的基本知识与技能融入科技企业创业之中，并且已形成对初高中生创业教育的延伸，旨在更早阶段培养学生的创新创业意识。马里兰大学与哈佛大学工程学院的创业教育课程都强调依托 STEM 学科开展创新与创业。另外，马里兰大学还有针对本科一年级新生的创新创业教育课程。这是马里兰大学创业教育的一大特色。在提高一年级新生创新创业兴趣、意识和能力的同时，大大提高了他们对学校及学习经历的满意度。马里兰大学的创业教育课程也采用体验式、互动式教学方法，包括讲座、工作坊、研讨会和案例教学等。马里兰大学几乎所有创业课程都有学分，课程评估没有书面测试，采用学生自我评估的方式检验学习效果与成效。

清华大学和复旦大学的创业教育课程都以通识教育为基础，覆盖本科、硕士及博士阶段。这与哈佛大学有相同之处。清华大学的创业课程中有 100 多门课程是清华大学自主开发的。在数量上与哈佛大学或马里兰大学相近，但是在体系构成上还有待进一步完善。清华大学的创业教育课程在内容上体现了从普及到提高再到专业学位的梯度递进。清华大学很多平台的创业课程或项目体现了高科技和理工科的特色，这一点与哈佛大学和马里兰大学是相似的。复旦大学的创业教育课程针对不同学习者群体进行创业课程的划分。第一个层次是针对全体本科生的普及性创新创业课程；第二个层次是针对具有较强创业意愿和潜质的学生的创业课程。根据课程的内容与开设形式分为五种类型。

复旦大学这种划分创业课程的方式与马里兰大学相似，便于将不同的学习者需求与相应类型的创业教育课程相匹配，更能体现以生为本的理念。而在课程教学方法上，哈佛大学与马里兰大学更具相似性；清华大学与复旦大学更接近。哈佛大学与马里兰大学主要采用案例、研讨会、工作坊及实地考察等体验式方法，而清华大学与复旦大学虽然也在积极改革创业教育方法，如提高实践教学比重及采用小班教学等，其案例教学和基于实践的体验式教学方法运用还不够普及。通过这样的比较，可以看到，在创业教育课程的教学方法方面，中外研究型大学存在一定的差异。

6.2.4　中美研究型大学创业教育资源与环境比较

美国大学的创业教育起源较早，到目前研究型大学基本已形成各具特色的创业教育体系，包括创业教育资源与环境等支持体系。美国研究型大学的校际之间、校企之间及学校与政府之间的紧密合作，为大学的创业教育提供了强有力的支持。哈佛大学在创业教育资源与环境方面具有显著优势。哈佛大学的师资资源由全球顶尖的专家和学者组成；在硬件设施方面，哈佛大学具有庞大的校区、完备的创业中心及相应的实验室、实习基地（包括海外实习基地）；在资金方面，除了政府拨款，哈佛大学每年都收到大量的资金捐赠，为创业教育提供坚实的资金支持；在人脉资源方面，哈佛大学更是具有闻名于世的校友群体和强大的人脉资源网络。马里兰大学在创业师资资源方面虽不如哈佛大学强大，但是其师资也不乏来自各学科领域及创业领域的知名专家学者，并且马里兰大学属于马里兰大学系统 12 个成员之一，其师资资源可相互共享，增加了不同校区和地区间的特色；在硬件设施方面，马里兰大学拥有 2 个校区，并且可共享马里兰大学系统中其他 11 个校区的硬件资源。由于马里兰大学领导层的重视，其旗舰校区正在建设更多的教学与科研设施，提升其创业教育的硬件体系。在资金方面，马里兰大学是马里兰州最大的州立大学，州政府的拨款也向其倾斜，并且马里兰大学毗邻首都，处于经济相对发达地区，且社会捐赠丰厚。在人脉资源方面，马里兰大学与许多政府机构联系紧密，如美国农业部、气象局等，拥有强大的人脉资源合作网络；同时因为地处首都圈，相应地具有丰富的人脉资源优势。

目前中国的大学创业教育正处于快速发展的时期，从全国的情况来看，创业教育模式尚未形成定式。由于以政府主导推动为主，整齐划一的特征比较明显，差异化并不突出。目前各高校纷纷开设创业课程、开展创业实践（大赛）、成立“双创”学院或“双创”中心。党的十八大以来，大学创业教育受到前所未有的重视。清华大学与复旦大学不断探索为大学生的创业教育提供资源与环境支持的途径。在国家主导和地方政府、高校共同推动下，各种支持大学生创业的孵化平台、示范基地、“双创”基金、技术转移中心等支撑措施也应运而生。“众创空间”“创客中心”“创新创业第二成绩单”“创业休学的弹性学籍管理办法”等有关大学创业教育的实施举措在各大高校逐步推行。另外，中国的大学创业教育注重发挥学生创业组织及第二课堂创业活动的作用。以“互联网＋”大学生创新创业大赛为例，该大赛由教育部主办，在全国已经连续举办了三次。每一届的项目数量均超过上一届的三倍，参与的大学生人数超过上一届的两倍。2017 年的“互联网＋”大学生创新创业大赛参与高校达 2 241 所，项目有 37 万个，参加的大学生数超过了 150 万人①。

清华大学和复旦大学在中国都属于顶尖的研究型大学。在师资资源上，清华大学与复旦大学拥有全国一流的师资水平。然而，由于创业教育在中国发展的历史尚短，大学创业教育缺乏足够的师资力量是我国普遍存在的问题。清华大学与复旦大学的创业教育师资相对于哈佛大学和马里兰大学，远远不足。清华大学与复旦大学由于具有地域优势，又都是具有悠久历史的名校，并且国家也非常重视两校的创业教育，因此，在硬件设施方面两所大学都有较完备的创业中心、实训基地、科技园等创业教育设施。在资金方面，清华大学与复旦大学的资金主要来源于中央财政，还有部分社会捐赠，都具有雄厚的资金支持其创业教育的开展。在人脉资源方面，清华大学地处首都，处于政治、文化及高科技中心——拥有一流的人脉资源网络；而复旦大学地处中国东部沿海经济中心——上海大都市圈，因此也拥有强大的人脉资源网络。

① 胡浩，徐祖华. 培养创新创业的有生力量：党的十八大以来创新创业教育改革综述[EB/OL]. http://www.gov.cn/xinwen/2017-10/10/content_5230768.htm.

6.3 中美研究型大学创业教育差异原因分析

基于前文的分析，中美两国大学创业教育模式及实践有相同之处，也有很多差异。造成这些差异的原因涉及两国不同的国情、创业文化背景、创业历史生态氛围、发展历程、创业教育主导推动因素等诸多方面。

6.3.1 创业文化背景差异

马克思主义认为，文化是人类社会实践的产物，是政治经济的反映，同时对政治经济具有反作用。创业教育及其背后深层次的创业意识、创业观念、创业生态等无不受到文化的影响。比较中美两国的创业教育之异同，不能离开对两国文化背景的考量。

放眼人类文明进程，远古时代的先人们，择一方水土，或依山而聚，或逐水而居，或渔樵耕读，或商贾经营。一方水土养一方人，氏族部落、家国天下，人群聚集的地方逐渐沉淀出不同的人类文明。文明续存，孕育出五彩斑斓的文化。

中华文明是世界上仅存的诞生于史前时代，虽历经坎坷，但从未断代而又延续至今的人类文明。中国是大陆国家，独特的地理和人文环境，孕育出灿烂辉煌的中华文明。中华文明以农耕为核心，作为农耕载体和基本生产资料的土地，自然成为经济、政治、文化发展的命脉。土地不可漂移，依赖土地而发展的家族世世代代在同一片土地上繁衍生息，因而催生了中国社会的基本制度——家族制。血缘、姻亲、家国一体，成为中华文明的核心特征。在家族制社会体系中，利益分配讲究顺服长上、孝悌忠信，以利益交换为基础的商业自然会受到抑制。重农抑商，成为农耕文明的副产品。农为本，商为末，在中华文明中渊源久远。例如，2 200 多年前《吕氏春秋》中的《上农》篇，对比了农民和商人的生活方式和品质特征，认为农民比商人高尚，对国家更为重要，因此要以农为上。

美国作为一个移民国家，其文化的基础是来源于欧洲的文明。希腊是欧洲文明的发祥地。希腊人生活在海洋国家里,依赖贸易来生存和发展。商业,成为希腊人的日常从事的活动。与大陆国家的家族制农耕文明不同,海洋国家由城邦社会组成,围绕着城邦演绎着其特有的文明进程,依托工商业维系着其社会运行和繁荣。可以说,海洋国家的文明标签是:城邦制、商业文明。

生活在大陆国家的农民,乡土情结深重,一般情况下不愿意背井离乡,在“寒往则暑来,暑往则寒来”(《易·系辞下》)的四季更迭中,过着“日出而作,日入而息”(《庄子·让王》)的规律性生活,有些人甚至倡导“鸡犬之声相闻,老死不相往来”(《老子》),保守和稳定成为常态。在这种文化背景下,商业及其关联的创业,自然不会受到主流社会的重视。在这种传统的观念影响下,大学生创业的激情受到限制,等待就业、依赖帮扶的思想并不罕见,图稳定、想安逸、怕冒险、怕失败的惰性给大学生创业带来了一定的负面影响。

生活在海洋国家的商人,情况大不相同。为了经营生意,他们漂洋过海,四处奔波,有机会经常接触各种异域风俗和文化,因而不畏惧新奇事物,敢闯敢冒险的精神及其衍生的宽容失败的传统,滋养了商业文明。为了提高生产率,获得更多利润,同时也为了能使商品更为畅销,身处商业文明中的人们,总是要想方设法创新生产方式和商业模式。这或许可以解释,为什么近代西方工业革命,首先发生在英国这样一个靠贸易维持繁荣的海洋国家。美国的文明,因欧洲人移民美洲大陆而继承了欧洲商业文明的衣钵,具有典型的欧洲海洋国家商业文明的特征。在移民文化的浸润下,美国在整个社会形成了张扬个性、鼓励通过个人奋斗取得成功的创业氛围,以及鼓励创新创业、宽容失败的创业环境。美国大学生就整体而言,自主创业的意识比较普遍,不安于现状、挑战困难、敢于冒险的创业精神也比较突出。

6.3.2 创业历史生态氛围差异

扎根中国大地开展具有中国特色的创业教育,离不开中国的国情和中国的实际。创业和商业虽然不是同一个概念,但是两者有着天然的密切联系。创业成功与否,需要最终通过其商业模式能否经受市场检验为基本标准。论及一个国家的创业教育特殊性,需将其置于该国商业发展的宏观背景之下做深入的探究。

中国作为以农耕文明为主的国度，虽然有重农抑商的传统，但并不是说中国没有商业。中国不仅有商业，而且有着高度发达的商业文明。随着生产力的发展，社会出现了分工，为商业的产生奠定了基础。中国从夏朝开始，已经出现了物质交换，到了商朝，物质交换的种类、频度、广度日益扩大，于是一些人便开始专门从事劳动产品的交换活动，后来这些便被称为商人，他们所从事的活动也被称为商业。中国的商业从商朝正式出现，经过历代的发展，创造了“丝绸之路”的繁荣，以及明清时期晋商、徽商、潮商等众多商帮的兴起的盛况。1978年，中国迎来了改革开放，市场经济逐步繁荣，特别是加入“世贸组织”之后，中国日益崛起，正在改变世界的格局特别是世界贸易的版图，中国已成为世界第一贸易大国、世界第二大经济体，成为拉动全球经济增长的重要引擎。

回顾历史，中国商业中“官商”的印记比较明显。中国的商业自商朝开始，早期从事商业活动的都是奴隶主贵族，或是由奴隶主控制的“小臣”来具体实施，很少有专门从事经营的平民。商朝中晚期，一批以牟利为目的的平民崛起，成长为新兴的工商奴隶主。随着中国历史的发展，商业到了明清时期达到了十分繁荣的程度，此时的中国已经出现了资本主义萌芽，出现了十大商帮，其中以晋商、徽商、潮商影响最为广泛。晋商以金融业为核心，控制着“北号南庄(票号和钱庄)”。徽商与晋商齐名，鼎盛时期有“无徽不成商”的说法。徽商是“儒商”，追逐财富只是手段，追求功名才是归属。“红顶商人”、官商合一，是徽商的真实写照。当然，中国商帮也呈现出多元化的特征，并非都是“官本位”。例如，广东潮州地区的商帮潮商，素以敢于冒险、远渡重洋、积极向外拓展版图著称。潮商以船为伴，从事海上商业冒险活动，以红头船为象征，因此也被称为“红头船商人”。他们远赴东南亚打拼，重新定位了中国商业繁荣的坐标。潮商的精神至今仍兴盛不衰。

众所周知，美国的商业不论是规模，还是创新程度和经营模式，都居世界领先地位。美国是一个移民国家，近百年来，美国的商业不断崛起。在世界第二次工业革命的浪潮下，美国工业发展突飞猛进。美国用了短短几十年的时间，后来居上，迅速成为世界头号工业强国。进入互联网时代，美国继续引领世界第三次工业革命，涌现出微软、谷歌、脸书等新兴的信息企业。亚马逊、沃尔玛、苹果公司的系列产品的营销，无不渗透到世界各地。世界五百强企业中，前十名大多数是美国公司。支撑美国商业百年不衰的原因，除了其历史、科技、政治等因素外，最重要的是其文化背景。现代美国的文化起源于18世纪从欧洲移民至北美大陆的清教徒，他们怀着虔诚的宗教信仰，以追求自由的精神，决心在新大陆开辟出一片新天地。这种开拓精神，体现在商业文化上，表现为创新、冒险、宽容失败。以硅谷为例，硅谷所在的加州位于美国西部地区，在拓荒潮和淘金潮的洗礼下，随着各地移民的汇入而形成了多元和包容的文化。在这个较少受到世俗礼教束缚、缺少传统权威和既得利益者的地方，孵化出自主创业、不甘平庸、敢于冒险的创新创业文化。

不忘本来，吸收外来，面向未来。考察中美两国的文化差异和商业发展的历史，可以帮助我们更好地理解中国创业教育所处的宏观环境，立足中国、借鉴国外，挖掘历史、把握当代，找准中国创业教育的基本定位，促进中国创业教育的改革和发展。

6.3.3　中美两国大学创业教育发展历程差异

一个国家的大学创业教育模式，是基于该国基本国情的历史选择。比较分析两个国家的创业教育模式差异，应分别考察两国的创业教育发展历程，在历史的纵深比较中，探寻不同国家大学创业教育的异同，从其他国家的发展经验中获得启迪，从而更好地解构我国的大学创业教育生态，建构基于中国国情、具有世界先进水平的大学创业教育模式。

1. 中国大学创业教育发展历程

中国的大学创业教育，最早可以追溯到 1989 年 12 月在北京召开的“面向 21 世纪教育国际研讨会”，会上提出了“创业教育”的概念①。1998 年 5 月，清华大学举办了首届“创业计划大赛”，清华大学管理学院分别面向 MBA 学生和全校本科生开设创业教育类课程。1999 年 1 月，国务院批转教育部制订的《面向 21 世纪教育振兴行动计划》，提出要加强创业教育。这是国家及政府机构第一

① 刘鹏，李川，陈建. 中美高校创新创业教育比较研究[J]. 教育评论，2016(1)：78-81.

次正式提倡师生必须受到创业教育培训，并且应该鼓励师生创立高科技企业[①]。这也是创业教育首次出现在政府文件中。1999年6月，中共中央、国务院颁发了《关于深化教育改革全面推进素质教育的决定》，指出高等学校要重视培养大学生的创新能力、实践能力和创业精神。这是我国政府推动创新创业教育的初期阶段。

进入21世纪后，在国家政策的推动下，我国各高校，尤其是高水平的研究型大学如清华大学和复旦大学等，加快了创新创业教育的发展步伐。2002年，教育部指定清华大学、北京大学、人民大学、上海交通大学、西安交通大学、武汉大学、黑龙江大学、南京财经大学及西北工业大学9所大学为发展创业教育示范高校，并给予这些大学政策与资金方面的支持。2003年，党的第十六届中央委员会第三次全体会议通过的《关于完善社会主义市场经济若干问题的决定》明确指出，提高公民的创新创业能力是深化教育改革的任务之一。

2008年9月，国务院办公厅转发了人力资源社会保障部、发展改革委、教育部、工业和信息化部、财政部、国土资源部、住房城乡建设部、商务部、人民银行、税务总局、工商总局《关于促进以创业带动就业工作的指导意见》(国办发〔2008〕111号)，鼓励全社会关心和支持创业教育。2010年5月，教育部发布《关于大力推进高等学校创新创业教育和大学生自主创业的意见》，正式号召创业教育要融入创新性[②]，政府推动统筹做好高校创新创业教育、创业基地建设和促进大学生自主创业工作。因此，更多高校开始了创新创业教育的研究和改革，包括课程体系设置及教师培训。2012年8月，教育部发布《普通本科学校创业教育教学基本要求(试行)》，对大学创业教育的教学目标、原则、内容、方法和教学组织作出明确规定。2012年，教育部公布了《关于全面提高高等教育质量的若干意见》。该文件明确指出，进一步加强创新创业教育是中国高等教育改革的重要方向之一，并且强调创新创业教育对全面提高中国高等教育质量将发挥关键作用[③]。

---

① 中华人民共和国教育部. 面向21世纪教育振兴行动计划. [EB/OL]. http://www.moe.gov.cn/jyb_sjzl/moe_177/tnull_2487.html.

② 中华人民共和国教育部. 教育部关于大力推进高等学校创新创业教育和大学生自主创业工作的意见[EB/OL]. http://www.moe.gov.cn/srcsite/A08/s5672/201005/t20100513_120174.html.

③ 施永川. 我国高校创业教育十年发展历程研究[J]. 中国高教研究，2013(4):69-73.

自2010年以来，很多高校已经为学生开设了创业课程，大多数是选修课。为创业教育提供的实验室也更多了。此外，一些地方政府实施了更具体的创业政策，如为地方高校的创新创业教育发展提供资金支持。这些支持政策也产生了积极的作用。薛成龙等的研究发现：2014年从486所大学收集的数据表明，建成及正用于学生实践学习的场馆将近6万个；在2011～2015年的第12个5年计划期间，中央政府、地方政府及高校已经资助了8万个涉及12门学科的创业项目，总共注入资本为14亿元，参与的学生人数将近22万人①。

2015年，我国创新创业教育进入了新的发展时期。2015年3月，国务院总理李克强在政府工作报告中提出，要把“大众创业、万众创新”打造成推动中国经济继续前行的“双引擎”之一。同年5月份，国务院印发了具有里程碑意义的《中国制造2025》。这份文件的颁发不仅涉及中国制造业的更新与发展，还牵涉与制造业升级等密切相关的教育领域的改革，为创新创业教育指明了新的方向。中国大学的创新创业教育将出现一些新的趋势：创新创业教育环境将更有利，创新将成为中国创业教育的核心，STEM学科将成为中国创新创业教育的重点以及创新创业教育将覆盖所有大学生，等等。随后，国家相关部委相继出台一系列措施积极推动创业教育(例如教育部举办中国“互联网＋”大学生创新创业大赛)，2015年第一届“互联网＋”大学生创新创业大赛在吉林大学举行。2016年国务院又发布了《国家创新驱动发展战略纲要》。这期间各高校积极响应号召，大力实施大学生创新创业教育，开展形式多样的创业教育活动，大学创业教育在中国掀起了高潮。

2. 美国的大学创业教育发展历程

关于美国的大学创业教育，学界普遍认为，大学创业教育起源于美国②。美国创业教育的实践在20世纪初期就已经开始。1919年，商人霍勒斯·摩西(Horace Moses)面向高中生开展商业实践教育，成立了青年成就组织(Junior Achievement)，促进教育界与工商界的合作，在职业构建和金融素养等方面提

① 薛成龙，卢彩晨，李端淼．“十二五”期间高校创新创业教育的回顾与思考：基于《高等教育第三方评估报告》的分析[J]．中国高教研究，2016(2)：20-28，73．

② 陈慧女．中美大学生创业教育比较分析[J]．学校党建与思想教育，2013(24)：86-89．
刘鹏，李川，陈建．中美高校创新创业教育比较研究[J]．教育评论，2016(1)：78-81．

升学生的综合素质。1947年,美国哈佛商学院的迈尔斯·梅斯(Myles Mace)面向MBA学生开设了“新创企业管理”课程,标志着美国大学创业教育的开端。1968年,美国百森商学院面向本科生开设了创业教育课程“创业关注”。然而,20世纪六七十年代,美国的创业教育发展比较缓慢,这与美国经济发展进入滞胀期,企业发展不景气有很大关系。

20世纪八九十年代,美国的大学创业教育得到迅速发展。网络产业的兴起孕育了硅谷的传奇,一批成功的创业家成为硅谷甚至是全世界的偶像,越来越多的年轻人把自主创业作为其职业规划的首选目标,大学生创业成为社会的需求,创业教育在美国高校受到了前所未有的重视,创业类课程在美国高校迅速增多,创业训练和创业实践开展得如火如荼。到1994年全美有1 600多所大学开设了2 200多门创业课程,拥有277个捐赠讲席、44种英文期刊和100多个研究中心①。

进入21世纪,创业教育已经成为美国大学教育的重要内容,这一时期美国的中小企业蓬勃发展。这些小企业的发展亟须大量的创新创业人才,并且同时为大学的创业教育提供更多资金、实践等支持,从而推动美国大学的创业教育进入了成熟期。据统计,2001年全美有504所学校开设了创业教育课程,到2003年,共有1 600多所学校开设了创业教育课程,课程总数超过2 200门②。如今,创业教育在美国高校已成为教育常态,不论是课程体系构建、师资队伍建设、创业训练和实践,还是创业教育的研究,都居世界领先地位。美国大学的创业教育已形成较为成熟的体系和模式。并且已经从原先的发源地——大学校园,向中小学甚至幼儿园延伸。

6.3.4 中美两国大学创业教育主导推动因素差异

通过对比中美两国创业教育发展历程,不难发现,两国的大学创业教育都离不开本国的实际情况,均与本国的社会经济发展密切相关。以中美两国大学

① KATZ J A. The chronology and intellectual trajectory of American entrepreneurship education: 1876-1999[J]. Journal of Business Venturing, 2003(2):283-300.

② KURATKO D F. The emergence of entrepreneurship education: development, trends and challenges[J]. Entrepreneurship Theory and Practice, 2005(5):577-597.

创业教育的繁荣期为例，两国的创业教育大发展时期的出现并非偶然，无不反映了社会经济发展的内在需求。

从20世纪70年代起，美国大工业繁荣已经开始消退，社会经济开始转型。1975年，比尔·盖茨与保罗·艾伦创办了微软公司，随后，以比尔·盖茨为代表的科技创业家所领导的一批中小企业迅速崛起并创造了惊人的财富，互联网和信息产业美好的前景引来前所未有的人才潮和投资潮，使硅谷成为创业者的天堂并一直持续至今。特殊的社会经济基础，造就了硅谷的崛起，催生了美国的创业热潮，进而推动了美国高校创业教育的飞速发展。

中国真正意义上的创业教育热潮，兴起于2015年春天李克强总理在政府工作报告中提出“大众创业、万众创新”的号召之后。此时的中国呈现出新常态的特征，强调“调结构稳增长”，经济结构优化升级，从高速的粗放型、数量型扩张转为集约型、质量型发展，从要素和投资驱动转向创新驱动，一方面改造提升传统动能，增加公共产品和公共服务供给，另一方面培养打造新动能，推动大众创业、万众创新。在这样的经济背景下，“双创”(创新创业)被政府提高到促进中国经济转型升级、拉动中国经济发展的国家战略高度。

通过比较，透过社会经济的表征，探寻中美两国创业教育快速发展的背后的主导因素，我们可以初步做出以下判断：

美国的创业教育更多地源自于个人的创业需求。一个个创业传奇和创业家的偶像效应，促使美国高校更加关注创业教育，帮助大学生实现创业梦想。美国大学热衷创业教育，除了满足学生的需求，还有一个重要因素是政府对大学的拨款逐年减少，为了解决研究经费短缺的困境而大力发展创业教育，以增加大学的营收。中国的创业教育更多地源自于政府的主导推动。经济转型升级的内在要求、大学生就业形势的外在压力等，促使政府更加重视通过创新和创业来拉动中国经济的持续发展。而中国大学的研究经费主要由政府提供，因此发展创业教育更多地是为了推动国家“双创”发展战略的实施，以及深化教育改革的需要。

尽管中美两国的大学创业教育产生的政治、经济、文化背景不同，主导和推动因素也有差别，在具体的概念表述和实施方法上也不尽相同，但是，两国大学创业教育的理念和目标基本一致，即培养大学生的创业意识，培育迎难而上的创业精神，提高创业的本领和技能，通过大学生创新创业推动本国经济的持续发展。

第 7 章　结论与展望

7.1　研究结论与贡献性

通过对人本主义教育理论以及人本主义教育视角下研究型大学创业教育模式的梳理，同时结合对哈佛大学、马里兰大学、清华大学和复旦大学现实案例的深入探究，本研究得出两个方面结论。

一方面，人本主义教育理论有助于优化研究型大学的创业教育模式，而基于人本主义教育理论的研究型大学创业教育模式有利于研究型大学基本功能的充分发挥。同时，基于人本主义教育理论的研究型大学创业教育模式以学习者的需求为中心，其具体实现形式具有开放性特征，适应当前复杂多元的创业教育发展趋势。另一方面，中美研究型大学案例对比显示两国研究型大学创业教育实践模式存在某些差异。这些差异的产生是由两国不同的创业文化背景、发展历史、生态氛围等方面的不同原因造成的。从人本主义教育视角出发，中美两国研究型大学的创业教育在课程目标、教学内容与方法、教育资源与环境等方面仍然需要围绕学习者的需求，进一步以生为本提升创业教育的效果。

本书所进行的研究有助于优化研究型大学的创业教育模式。首先，从历史上看，人本主义教育思想是现代研究型大学创立和发展的重要精神内核。19世纪兴起的人本主义思潮对现代研究型大学的诞生产生了巨大的推动作用，而20世纪六七十年代的人本主义教育思想对当代美国以及世界研究型大学产生了十分深远的影响。其次，研究型大学从创立之初起，其人才培养的定位就是全面发展的人，其应具备综合素质和适应未来发展的能力，即情商、智商和情怀并重。而以人本主义教育理论为指导的创业教育模式，有助于避免创业教育的功利性，矫正创业教育“唯利是图”倾向而导致人的异化，从而实现研究型大学人才培养的本然使命。再次，研究型大学创业教育的学习者在越来越多元化的情境下，学习者所处的专业背景、对创业的理解、对创业教育的预期及需求各异，基于人本主义教育理论，为不同的学习者群体提供适合其发展的创业教育模式，更加有利于研究型大学创业人才的个性化和多元化培养。

本书所进行的研究有助于研究型大学基本功能的充分发挥。基于人本主义教育视角的研究型大学创业教育模式中的教育目标、课程内容与教学方法、教育资源与环境等要素都须围绕学习者这一中心。依据人本主义教育理论，一方面，创业教育要以学习者为中心，学生要在一个利于成长的环境中，进行有意义的学习，才能达到自我实现的目标，这是一个完整的人才成长的过程。另一方面，该模式下，研究型大学的创业教育从学习者、课程教学、教育资源和环境等方面构建了一个促进学生内化创业能力和素养的体系，并且将学生的学习与科研转化为创意、产品和科技等产出形式。因此，这一模式有利于充分利用研究型大学优质的师资、科研平台、创新氛围等一系列要素，促进科教结合、协同育人，促进研究型大学的科研优势转化为人才培养优势，将创业教育人才培养功能与服务经济社会发展的功能有机融合，从更深的层次、更广的范围发挥研究型大学的基本功能，实现人才培养、科学研究、服务社会的多重使命。

本书所进行的研究有助于适应当前复杂多元的创业教育发展趋势。基于人本主义教育理论的研究型大学创业教育模式的具体实现形式具有可调性、亲和性的特征，是一个灵活的、开放的系统，适合当前复杂多元的创业教育发展趋势。一个国家的创业教育模式，是基于该国基本国情的历史选择，中外研究型大学所处的情境不同，具体的创业教育发展情况也不同，因此对不同国家、不同大学而言，研究型大学的人本主义创业教育模式在实践中可以有不同的实现途径。一些国家如中国和美国的著名大学都正在构建或已初步形成以学习者为中心的创业教育实践模式。这一模式在不同国家间以及同一国家的不同大学间可能有不同的具体实践方式和途径。中国与美国研究型大学所处的情境不同，这就决定了各国的研究型大学在具体的创业教育目标、学习者群体及其需求、创业课程内容与方法以及创业教育的资源与环境方面是不同的，而以学习者为中心的人本主义创业教育模式提供的模式框架涵盖对不同国家情境等因素的考量，因此其具有因时、因地、因人而动的灵活性和开放性的特点。

7.2　研究局限性与研究展望

本书所进行的研究在理论与实践上尚存在不足之处，有待后续研究进行提高与完善。虽然本研究的人本主义教育思想主要以马斯洛和罗杰斯为代表，由于人本主义教育理论非常宏大，而创业教育是一个较“年轻”的研究领域，创业教育理论研究成果仍然有限，将人本主义教育理论应用于创业教育领域还处于探索阶段，因此，在理论上还有很多可深入挖掘的空间及有待商榷的问题，目前关于课程设置，有很多理论，包括以斯宾塞、布鲁纳和皮亚杰为代表的相关理论。人本主义教育视角下的创业教育课程设置对相关理论如何进行批判与吸收，还需要进行更深入的研究。

创业教育实践涉及很多因素，创业教育模式是否合适，需要就各种因素在不断的实践中进行检验。本研究构建的人本主义教育视角下的创业教育模式在一定程度上反映了研究型大学创业教育的现状、特点和需求。然而，其应用价值还需要进一步通过实践检验，模式的内容与结构还需要依据创业教育的发展情况做进一步的调整、充实和完善。

本书所运用的研究方法尚需改进。由于研究涉及访谈、现场观察、听课及案例研究，资料收集的时间跨度大、空间范围广，听课与访谈又涉及提前约定时间和受访者，操作上有较大难度，资料整理也较繁杂。因此，在资料收集的途径方面还不够丰富，资料整理与分析的方法还需要进一步科学化。由于研究地理空间上的局限性，本书所运用的案例在范围和数量上尚且有限，在今后的研究中还需要继续拓展到更多国家及更多案例的比较与分析之中。

人本主义教育理论作为现代教育思想库中的宝贵财富，其宏大的理论视域涉及哲学、教育学、心理学及管理学等领域。因此，笔者将在今后的研究中，结合哲学领域的知识，继续探讨人本主义教育理论在创业教育中的应用。人本主义对人的哲学认识，以及人本主义心理学对人的心理剖析，都有助于在理论与实践中提升对创业教育中学习者的认识。因此，笔者相关的后续研究将会继续探讨这一方面内容。创业教育的课程设置与教学方法等是创业教育的核心元素，笔者今后将继续研究人本主义教育理论以及人本主义心理学在课程设置、教学方法与评估等方面的应用。从最微观的课程与教学环节探析，更好地做到以生为本，提高创业课程教学效果。当然笔者将更深入地探索如何以人本主义教育理论为指导，以优化创业教育所需的教育资源与环境的配置与创设，包括人本主义教育理论与创业教育管理的关系及其对创业教育管理实践的指导作用。最后，笔者将继续深入研究人本主义教育理论与大学创业教育模式的关系，以及其在大学创业教育模式理论研究与实践中的应用，以期指导大学创业教育模式进一步达到以生为本的宗旨。

7.3　政策建议

7.3.1　进一步探索人本主义创业教育模式的实现途径

综合本书的论述，人本主义教育理论将创业教育研究中的各关键因素有机地联系在一起，形成一个科学的模式，并且适用于研究型大学的创业教育实践。哈佛大学和马里兰大学的创业教育在教育目标设置、学习者群体分析、创业教育课程与方法、创业教育资源与环境等方面都是以学生及其需求为中心而进行的。

从上文对中美研究型大学创业教育模式的分析与比较中可以看出，中国研究型大学在学习者群体分析、课程内容、评估等方面仍然存在可提升空间。这些存在的不足在一定程度上反映了中国大学创业教育学习者的需求还没有得到应有的重视。

创业教育模式的建立需要科学理论的指导，只有在这种科学模式指导下，创业教育实践才能按照一种科学、系统的方式运行。我国研究型大学的创业教育一直以来因缺乏科学的模式指导，要么将创业教育的各要素当作充实门面的摆设，没有真正理解创业教育的精髓；要么简单移植国外大学的做法，模仿为主，创新不足。我国研究型大学的创业教育需要以人本主义教育理论为指导，探索适合中国国情的创业教育模式。我国研究型大学的教学与管理需要在一些方面进行改进，具体的管理政策建议如下：

1. 课程目标设置

课程目标要以学生对创业所需的能力要求来确定。创业能力并不仅仅是指创办企业的能力，而应该是与创业有关的各种能力的综合。创业能力的确定也是有科学模式的。目前很多美国的高校已经以美国劳工部发布的创业能力模型为依据，来确定创业教育课程要培养的学生能力，并以此进行创业课程设置和教学。此外，创业课程的形式应该是多样的，除了理论课程之外，更多的应该是动手的实践课程或者互动性高的研讨会、工作坊及讲座等。

2. 课程内容

创业教育课程内容也应该按学生所需的创业能力来确定。课程的内容应该与创业领域最前沿的知识和最新的研究动态相联系，让学生的学习紧跟时代的步伐，避免空洞、枯燥和陈词滥调。创业课程在教授学生理论知识的同时，还要扩大学生的眼界，加强实践教学内容。创业教育的内容不应该局限于教材，而应该超越教材，引领学生探究真实商务环境中更多的未知领域和问题。这也是很多国外名校的创业教育课程根本没有教材的原因。哈佛大学的教师每年都编写大量源自于真实的企业问题的案例，作为学生上课讨论的内容。

3. 课程评估

创业教育课程评估的目的不是仅仅给学生一个分数和学分，创业教育课程评估的最终目标是检验学生的学习效果及课程的教学效果。因此其评估方式应该打破传统的书面考试形式,采取更灵活、多样和开放的评价方式。创业教育的核心是培养学生的创新能力,而创新力、创造力是很难在书面测试中体现出来的。过于简单和单一的书面测试与创业教育的本质和目标不符合,限制了学生发挥解决实际问题的能力,容易引起学生的反感。这也是很多名校如哈佛大学和马里兰大学的创业教育课程没有书面考试,而采取口头报告或实践设计等方式的原因。

4. 孵化器数量及创业俱乐部

创业教育的顺利开展离不开创业中心、孵化器及创业组织的支持。我国大学对学生创业项目的孵化或技术的转让等是创业教育中的薄弱环节。创业孵化器能给较成熟的商业计划投入市场提供技术、资金和管理等方面的催化。例如哈佛大学的洛克创业中心在学生项目孵化方面投入很多师资和物质资源,真正起到了将孵化项目推向市场的作用。相比之下,我国研究型大学的创业教育孵化器的数量及质量远远没有达到学生的需求水平,有些甚至是形同虚设。此外,国外大学一般都会为学生提供免费的场地和资金,支持他们成立各种创业俱乐部。这些俱乐部由学生组织和管理,为学生提供开展创业活动、讨论、交流和进行头脑风暴的地方。这些俱乐部其实也和创业大赛一样,是形成有利于学生创业环境氛围的重要组成部分,而目前这一因素的作用往往被低估了。因此,建议我国的教育管理行政机构和各大学在这些方面给予更多的重视和关注。

7.3.2 营造“大众创业,万众创新”文化氛围

历史地、辩证地看待我国目前的大学创业教育环境,一方面要充分了解,中国人在商业和贸易方面富有智慧,吃苦耐劳,曾经有高度发达的商业文明,现在伴随着中华民族的伟大复兴,正在续写辉煌。中国经济的崛起和稳定发展,正在成为世界经济稳定的“压舱石”和“发动机”。另一方面,我们也要清醒地认识到,几千年来“重耕读,轻商贾”的观念长期存在,家庭和社会对大学生创业的认

同感有待提升,大学生中"等、靠、要"的依赖情绪和害怕失败、贪图安逸的惯性思维等都给大学创业教育带来了一定的消极影响,创新创业的环境和氛围需要进一步改善。

营造"大众创业,万众创新"的良好氛围,是激发大学生创业意识,鼓励创业斗志,提高创业成功率的重要保障。全社会都应该高度重视文化氛围对大学生创新创业工作的推动作用,切实转变思想观念,宽容失败,鼓励和支持艰苦创业,树立更多的创业典型,做好正面的宣传和鼓励,在全社会形成"大众创业,万众创新"的良好氛围。

7.3.3 促进官方推动与个人需求的有效协同

对比中美两国创业教育的主导推动因素,可以发现,在美国,大学生个人的创业热情和需求,以及美国高校对大学生创业重要性的认识,推动了美国的大学创业教育快速发展。这种动因具有"自下而上"的特点。在中国,经济发展的转型升级和大学生就业形势,使政府高度重视"大众创业,万众创新"的战略意义,从而在政府主导下,各级政府和各高校积极响应,在全国掀起了大学创业教育的热潮。这种动因具有"自上而下"的特点。

无论是个人需求拉动,还是政府主导推动,都是基于特定国情而产生的动因,因而皆有其合理性,同时也具有各自的优点:

个人需求拉动大学创业教育,可以使创业教育具有持久的动力,同时,因为个人需求的多样性,因而催生了大学创业教育模式的多元性,使得大学创业教育整体呈现出丰富多彩、齐头并进的繁荣格局。

政府主导推动大学创业教育,可以集中力量干大事,抓住关键、带动全局,在较短时间内建设一批高水平的创业实践基地和成果转移中心,举办具有参与度高、受益面广的全国性创业大赛,调动资本和资源大力支持大学生创业。

我国的大学创业教育要实现跨越式发展,可以结合目前中美两国大学创业教育的优点,在现有的基础上,通过政府推动,激发大学生创新创业的内在需求,鼓舞创业激情和提升创业能力,进而使创新创业成为大学生的个人内在需求。也就是说,基于中国的国情,大学创业教育由政府推动作为外在起始动力,进而激活个人创业需求的内在动力,最终集成两种动力,形成合力。在合力的作用下，在个人层面上，让更多的学生想创业、敢创业、能创业；在政府层面上，激活一切创业资源，让知识、技术、管理和资本的活力竞相迸发，为大学生创业提供最大便利、创造最大舞台，真正形成“大众创业，万众创新”的局面。

7.3.4　扎根中国大地开展具有中国特色的大学创业教育

一个国家的大学创业教育模式，是基于该国基本国情的历史选择。世界上的高等教育模式多种多样，大学创业教育也是如此。本书探寻不同国家大学创业教育的异同，希望从其他国家的发展经验中获得借鉴与启迪，从而更好地解构我国的大学创业教育生态，建构基于中国国情的具有世界先进水平的大学创业教育模式。

美国的大学创业教育虽然比较发达，成功的案例也比较丰富，但不一定都适合中国的国情。比如，美国硅谷号称创业者的“天堂”，但是硅谷不是大学、科研机构和创业者、金融家、企业家的简单组合，而是一个复杂的创业生态系统，涵盖了当地的地理环境、历史文化、政治经济等诸多更为复杂的子系统。在生物界，一个繁荣而稳定的生态系统，不仅仅包括若干物种和生物群落，更重要的是组成生态系统的水文、气候、土壤，以及错综复杂的微生物群等众多因素，因此，生态系统很难被完全移植。硅谷的创业生态情况也一样，表面上的简单复制达不到实质性的效果。

考察美国大学的创业教育案例，不是让中国大学的创业教育西化，更不是全盘美国化。当然，这并不是提倡刚愎自用、封闭保守，不是抵制世界上先进的创业教育模式，更不是拒绝学习先进的创业教育实践经验。研究美国名校先进的创业教育案例，是要透过表象提取具有共性的创业教育规律，抓住世界名校创业教育成功案例的切入点和着力点。

中国有独特的历史、文化和国情，决定了中国大学的创业教育不能简单地移植西方的做法，而是要扎根中国大地，解决中国实际问题，在吸取国外先进经验的基础上，走具有中国特色的大学创业教育创新发展之路，为世界贡献中国的创业教育方案，为实现中华民族的伟大复兴作出应有的贡献。

附　　录

附录 1　大学创业教育学生满意度情况调查问卷

1. 你所在学校有创业课程吗？　[单选题]

选项	小计	比例
有	34	82.93%
没有	7	17.07%
本题有效填写人次	41	

2. 你知道这些创业课程的培养目标吗？　［单选题］

选项	小计	比例
知道	26	63.41%
不知道	15	36.59%
本题有效填写人次	41	

3. 你认为这些培养目标适合你吗？　［单选题］

选项	小计	比例
适合	11	26.83%
不适合	30	73.17%
本题有效填写人次	41	

4. 你认为学校创业教育课程内容合理吗？　［单选题］

选项	小计	比例
合理	23	56.1%
不合理	18	43.9%
本题有效填写人次	41	

5. 学校创业教育课老师采用互动教学法了吗？　［单选题］

选项	小计	比例
是	28	68.29%
不是	13	31.71%
本题有效填写人次	41	

6. 学校创业教育课程教学方法理论联系实际吗？　[单选题]

选项	小计	比例
是	26	63.41%
不是	15	36.59%
本题有效填写人次	41	

7. 创业课程老师与你的关系融洽吗？　[单选题]

选项	小计	比例
是	22	53.66%
不是	19	46.34%
本题有效填写人次	41	

8. 创业课程评价方式真实反映了你的学习情况吗？　[单选题]

选项	小计	比例
是	10	24.39%
不是	31	75.61%
本题有效填写人次	41	

9. 当你有创业想法时，你的创业课老师会支持你吗？　[单选题]

选项	小计	比例
支持	36	87.8%
不支持	5	12.2%
本题有效填写人次	41	

10. 当你开展创业课程学习或活动时，行政管理老师积极支持你吗？［单选题］

选项	小计	比例
支持	31	75.61%
不支持	10	24.39%
本题有效填写人次	41	

11. 学校提供创业奖学金吗？［单选题］

选项	小计	比例
是	25	60.98%
不	16	39.02%
本题有效填写人次	41	

12. 学校有稳定的资金支持学生创业教育及相关活动吗？［单选题］

选项	小计	比例
有	20	48.78%
没有	21	51.22%
本题有效填写人次	41	

13. 学校有创业导师制度吗？［单选题］

选项	小计	比例
有	18	43.9%
没有	23	56.1%
本题有效填写人次	41	

14. 学校有创业俱乐部吗？ ［单选题］

选项	小计	比例
有	21	51.22%
没有	20	48.78%
本题有效填写人次	41	

15. 学校有创业大赛吗？ ［单选题］

选项	小计	比例
有	37	90.24%
没有	4	9.76%
本题有效填写人次	41	

16. 学校有创新创业中心吗？ ［单选题］

选项	小计	比例
有	35	85.37%
没有	6	14.63%
本题有效填写人次	41	

17. 学校与政府机构在创业领域有合作关系吗？ ［单选题］

选项	小计	比例
有	28	68.29%
没有	13	31.71%
本题有效填写人次	41	

18. 学校与企业在创业领域有合作关系吗? [单选题]

选项	小计	比例
有	32	78.05%
没有	9	21.95%
本题有效填写人次	41	

19. 学校与所在社区有交流活动吗? [单选题]

选项	小计	比例
有	23	56.1%
没有	18	43.9%
本题有效填写人次	41	

20. 学校有创业孵化器吗? [单选题]

选项	小计	比例
有	18	43.9%
没有	23	56.1%
本题有效填写人次	41	

21. 学校有科研技术转移中心或办公室吗? [单选题]

选项	小计	比例
有	26	63.41%
没有	15	36.59%
本题有效填写人次	41	

22. 总体来说，你对学校的创业教育感到：［单选题］

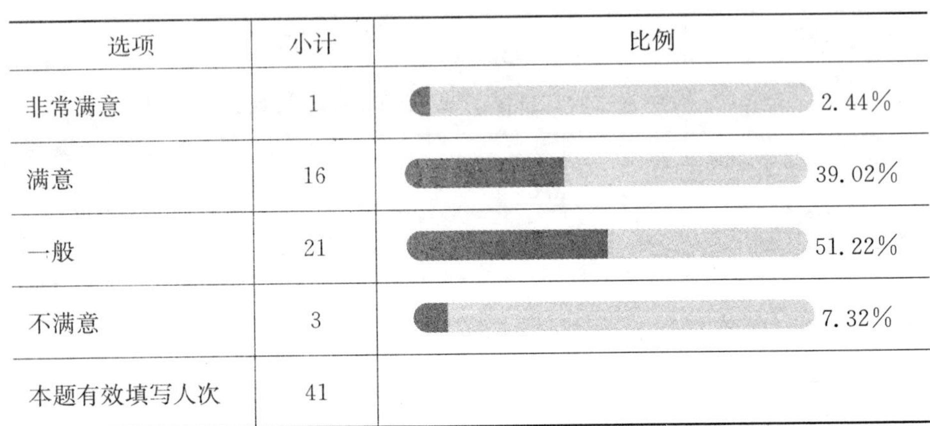

选项	小计	比例
非常满意	1	2.44%
满意	16	39.02%
一般	21	51.22%
不满意	3	7.32%
本题有效填写人次	41	

附录2　马里兰大学“生活与学习”创业教育项目访谈

受访者：马里兰大学教务处副处长 Cindy Stevens 博士。

作者：我记得您提到过您负责马里兰大学的“生活与学习”创业教育项目。我觉得这些项目非常有意义，我也看到了贵校相关信息的网页，内容非常精彩。然而，我们仍然有一些问题，如果您觉得方便，请您为我们提供一些更详细的信息。

1. 这个项目的目的和作用是什么？

这个项目有多个不同目的，但是其中的一个主要目的是帮助本科生成功地从高中过渡到大学，从与家人生活过渡到独立生活。一年级学生与上同样课程及有共同爱好的其他学生生活在同一栋宿舍楼里，他们能够在同伴中寻求支持。“生活与学习”项目主任和住宿生活老师管理学生很方便，因为他们在认识这些学生，如果学生过渡期有困难，他们也能很方便地与学生会面。此外，这些项目让我们庞大的大学对学生来说显得更小、更融洽统一了。这些项目也是学生舍弃别的学院而选择我们的一大动因。如果学生完成了课程的学习要求（通常是10～15个学分)，他们可以拿到成绩单，同时他们能够与完成这些项目的毕业生见面，这些毕业生往往会帮助他们取得实习和工作的机会。

2. 与马里兰大学其他创业教育项目相比，这些项目的独特之处是什么？

每个创业教育项目都聚焦于不同类型的学生。创新创业项目属于荣誉学院，所以只有以优异成绩从中学毕业的一年级新生才可以参加(荣誉学院录取的是最好的学生，他们也表现出了对什么领域最感兴趣)。亨曼CEO项目是为三年级和四年级学生设计的。申请的学生中只有那些在大学成绩优异的才会被录取。亨曼创业项目是为那些从当地的社区学院转过来的学生设计的，主要针对低收入家庭的学生。希尔曼先生为这些学生提供大部分的学费。

3. 在"卡罗琳社区"分项目中您提到了创业文化，为了建设这样的文化您认为需要做哪些具体的工作呢？

"卡罗琳社区"分项目依托不同的主题来运作，是首次在大学运行。每个"卡罗琳社区"项目都有一门不同的公选课，学生们一起上课。他们上同一门新生入学课程，并且住在同一栋宿舍楼。我们要做的具体工作是寻找学生感兴趣的主题与课程；邀请学生参加项目，然后设计一些活动以供他们共同参与。

附录3　哈佛大学、马里兰大学访谈提纲

一、创业教育教师访谈

1. 您觉得您所在大学的创业教育课程怎么样？
2. 您讲授什么课程？
3. 您在教学过程中运用哪些方法？
4. 可以请您描述一下您与学生之间的关系吗？

二、创业教育课程学习者访谈

1. 您觉得创业课程适合您吗？您对创业课程设置有何看法？
2. 您选了几门创业课程？
3. 您认为这些课程让您受益了吗？在哪些方面呢？
4. 您喜欢创业课老师运用的教学方法吗？
5. 您如何描述您与老师的关系呢？

三、创业教育管理人员访谈

1. 您能谈谈贵校创业课程的总体情况吗？
2. 您在创业教育管理中的职责是什么？
3. 贵校为学生的创业活动提供哪些资源？
4. 在创业教育方面贵校与政府和企业有合作吗？
5. 在创业教育方面您认为贵校已经取得了哪些成果？

附录4　马里兰大学创业成果展示活动现场观察记录

活动名称：工程学院 Startup Shell 学生创业活动

时间：2016 年 4 月 27 日

地点：马里兰大学工程学院(The A. James Clark School of Engineering)
　　实验楼一楼 Startup Shell 孵化器

马里兰大学帕克分校(University of Maryland, College Park)每年 4 月份都会在校园里举行全校性的创业 30 天活动(30 Days of Entrepreneurship)。工

程学院的这次活动是这个月的全校创业活动中的一个组成部分。工程学院的实验楼就像学校里任何一栋教学楼一样，红色的小方砖外墙搭配高大的白色圆形罗马柱，显得庄严而宏伟，没有任何门卫把守大门，人员进出自由。

走进实验楼一楼的门厅，左手边能看到一个安装着玻璃大门的小会议室，从外面能看到里面有一些学生围桌而坐，他们好像在聊什么，有说有笑。其中有一个男同学还带着一条大金毛犬。沿着门厅的走廊向右手转，第二个门就能看到一个大房间。里面的场景更热闹，从门口一眼就能看到对面墙上贴着一张大大的、红色的海报，上面印有“Startup Shell”两个英文单词，这张海报的形态看起来像是一团燃烧的火焰。房间里平行排列着三排长长的桌子，上面摆放着很多台式电脑，还有一些笔记本电脑，桌子边放着一张张椅子。有十来个学生穿梭往来，看起来很忙碌的样子。

再往右走，紧挨着这个房间的是一个大展厅。离门口还有好几米远的地方就能听到里面人声鼎沸。展厅门口对面靠墙摆放着一张大桌子，上面放有水果、蔬菜沙拉、汉堡、可乐等，还有一些一次性的杯盘等。一些学生在桌边拿着盘子取食，据说这是为活动准备的点心。走进大厅，果然里面挤满了人。展厅靠墙摆放了一圈桌子，这些桌子就是展台，上面摆放着各种展示品，有手工艺品、茶叶，也有自动饮料机和一些汽车零部件等。在展台后面站着的是展示品的作者，他们个个都兴高采烈，热情地向展台前参观的人介绍和讲解他们的展示品，参观的人也是饶有兴趣。整个展厅热闹非凡，学生们的创业激情高涨，每个人都在谈论创业、策划和向往着未来的公司。

我也在各个展台前边看边问，在与展示品作者交谈过程中，我不禁被他们的创业激情所感染，看到他们的一张张笑脸，我感到非常开心。我还和负责组织这次活动的两个学生代表聊了一会。其中的男孩名叫 Tomson，白皮肤，棕黄色的短发微微卷曲。他那双大大的眼睛让人感觉到他的精明和利索。他说这个展厅和隔壁的创业孵化室以及大楼门口旁边的会议室都是由他们学生负责保管和使用的。学生们在这儿很自由，想在这些地方待多久都行，同学们也喜欢经常聚在这里。另一个负责组织工作的是个女孩，名叫 Amanda，也是白肤色，有着金黄色的长直发。她也有一双大大的漂亮眼睛，长着一张娃娃脸，看上去很可爱，尤其她的笑容非常灿烂。她跟我说这些来展示作品的同学不仅有工程学院的，还有来自学校其他各系的学生，甚至还有历史专业的学生。这些活动经费由工程学院负责支出，但是作为负责组织工作的学生，他们也可以去募捐资金。她觉得这很有意义，开展这样的活动很开心。

附录5　清华大学、复旦大学创业教育访谈提纲

一、创业教师访谈提纲

1．访谈目的

掌握该校创业课程有关内容与课程教学方法的大致情况。深入了解创业课程教师对课程设置的理解，以及教师的教学方法和其与学生的关系。

2．访谈人物

“大学生创业指导”课程教师。

3．访谈问题

（1）您觉得开设这门课程有必要吗？
（2）能谈谈对这门课程设置的理解吗？
（3）请您谈谈这门课程的教学方法。
（4）您的学生对这门课程感兴趣吗？
（5）您能说说与您学生之间的关系怎样吗？

二、创业教育管理人员访谈提纲

1. 访谈目的

掌握该所大学创业教育管理的基本情况和政策措施。

2. 访谈人物

创业教育管理相关负责人。

3. 访谈问题

(1) 您所负责的创业教育管理工作具体有哪些内容?
(2) 请您谈谈本校创业教育课程的总体情况。
(3) 您能谈谈本校创业教育的硬件设施、资金和支持政策有哪些吗?
(4) 您能说说本校的创业教育与政府和企业有哪些联系吗?
(5) 您能谈谈本校创业教育取得了哪些效果吗?

三、学生访谈提纲

1. 访谈目的

了解学生对创业教育的理解。了解他们对创业课程的态度,对教师的教学、辅导作用的认识及学校对他们创业所提供的支持条件。

2. 访谈人物

参加创业课程的学生。

3. 访谈问题

（1）您能谈谈对创业教育的理解吗？
（2）您能谈谈对本校创业教育的总体感觉吗？
（3）请您谈谈您对创业课程内容及教学方法的感受。
（4）您能说说本校对创业教育提供的支持条件有哪些吗？
（5）您能谈谈创业教育对您有哪些积极影响吗？

参 考 文 献

[1] BIRLEY S. The role of networks in the entrepreneurial process[J]. Journal of Bus Ventur, 1985,1(1):107-117.

[2] CARR W. Philosophy, methodology and action research[J]. Journal of Philosophy of Education, 2006,40(4):421-435.

[3] DESAI M S, PITRE R. Developing a curriculum for on-line international business degree: an integrated approach using systems and ERP concepts[J]. Education, 2009,130(2):184-194.

[4] DRAYCOTT M, RAE D. Enterprise education in schools and the role of competency frameworks[J]. International Journal of Entrepreneurial Behaviour and Research, 2011,17(2):127-145.

[5] FIET J O. The pedagogical side of entrepreneurship theory[J]. Journal of Business Venturing, 2001,16(12):101-117.

[6] HALLINGER P, LU J F. Overcoming the "walmart syndrome": adapting problem-based management education in East Asia[J]. Interdisciplinary Journal of Problem-based Learning, 2012,6(1):16-42.

[7] JOSEPH A B. The structure of student satisfaction with college services: a latent class model[J]. Journal of Case Studies in Education ,2009(1):1-6.

[8] MEYER G D. The reinvention of academic entrepreneurship[J]. Journal of Small Business Management, 2011,49(1):1-8.

[9] NADGRODKIEWICZ A. Building entrepreneurship ecosystems[J]. Economic Reform Features Services, 2013(12):18-21.

[10] NAMBISAN S, BARON R A. Entrepreneurship in innovation ecosystems: entrepreneurs' self-regulatory processes and their implications for new venture success[J]. Entrepreneur-

ship Theory and Practice,2013,37(5):1071-1097.

[11] ROBERTS J. Infusing entrepreneurship within non-business disciplines: preparing artists and others for self-employment and entrepreneurship[J]. Artivate: A Journal of Entrepreneurship in the Arts, 2013,1(5):53-63.

[12] SMITH M E, ZSIDISIN G A, ADAMS L L. An agency theory perspective on student performance evaluation[J]. Decision Sciences Journal of Innovative Education, 2005,3(1):29-46.

[13] SOFINA M, SOCACIU T, ELENA R. Model innovation system foreconomical development using entrepreneurship education[J]. Procedia Economics and Finance, 2012(3).

[14] STERNBERG R J. Assessment of gifted students for identification purposes: new techniques for a new millennium[J]. Learning and Individual Differences, 2010,(20)4:327-336.

[15] ZAHRA S, NAMBISAN S. Entrepreneurship and strategic thinking in business ecosystems. Business Horizons[J]. 2012,55(3):219-229.

[16] WELSH D, TULLAR B. A model of cross campus entrepreneurship and assessment[J]. Entrepreneurship Research Journal, 2014,4(1):95-115.

[17] 郑刚,郭艳婷.世界一流大学如何打造创业教育生态系统:斯坦福大学的经验与启示[J].比较教育研究,2014(9).

[18] 蒋开东,朱剑琼.大学生创业导向的高校协同机制研究[J].中国高教研究,2015(1).

[19] 蔡莉,彭秀青,SATISH N,等.创业生态系统研究回顾与展望[J].吉林大学社会科学学报.2016,56(1).

[20] 许朗,贡意业.大学生创新创业教育模式探索:项目参与式创业教育[J].学术论坛,2011(9).

[21] 李时椿,常建坤,杨怡.大学生创业与高等院校创业教育[M].北京:国防工业出版社,2004.

[22] 李会春.中国高校通识课程设置现状研究[J].复旦教育论坛,2007(4):21-27

[23] 夏人青,罗志敏.论高校人才培养框架下的创业教育目标:兼论高校创业教育课程的设置[J].复旦教育论坛,2010(6):56-60.

[24] 张烁.创新创业,高校怎么教[N].人民日报.2015-07-09(18).

[25] 姜凤春.中美研究型大学本科课程结构比较研究[J].中国高教研究,2008(6):45-49.

[26] 黄亚生,张世伟,余典范,等.麻省理工模式对中国创新创业的启迪[M].北京:中信出版社,2015.

[27] 房国忠,刘宏妍.美国大学生创业教育模式及其启示[J].外国教育研究,2006(12):41-44.

[28] 董旖旎,徐阳.高校创业教育生态发展体系的构建[J].中国大学生就业,2013,(2):42-46.

[29] 刘林青,夏清华,周潞.创业型大学的创业生态系统初探:以麻省理工学院为例[J].高等教育研究,2009,30(3):19-26.

[30] 沈红.美国研究型大学的形成与发展[M].武汉:华中理工大学出版社,1999.

[31] 刘仲林.中华文化精修入门[M].合肥:中国科学技术大学出版社,2009:127.

[32] 楼宇烈,张西平.中外哲学交流史[M].长沙:湖南教育出版社,1999:193.

[33] 罗杰斯.罗杰斯著作精粹[M].北京:中国人民大学出版社,2006:24.

[34] 沈岚霞.重温苏格拉底:西方教育理论的开创者[J].上海教育出版社,2007(13):42-44.

[35] 冯友兰.中国哲学简史:英汉对照[M].赵复三,译.北京:外语教学与研究出版社,2015.

后　记

五年前我考入中国科学技术大学攻读公共管理专业博士学位。在学习期间，同学们常在一起聊天，谈各自准备研究的方向，有的研究政府的公共服务，有的探索企业如何提升管理效能，由于我一直在高校工作，热爱高等教育事业，因此，从那时起我就基本确定了我今后的研究方向——高等教育。

2015年秋，在出国前夕，我走进导师古继宝教授的办公室，向他请教博士论文的相关问题。古教授仔细分析了我的研究计划，结合前期组会汇报结论，他果断地为我指出应聚焦于创新创业教育研究主题及国内外顶尖高校的案例研究方法。在美国的那一年，我考察、走访了一些著名的高校，如哈佛大学、康奈尔大学、马里兰大学和加州大学伯克利分校等。为了能得到第一手的资料，除了积极参加各大学对外开放的一些活动，以及通过熟识的朋友联系访谈人之外，我也鼓起勇气寻找尽可能多的机会与相关的教师和学生交谈。

回国之后，针对研究主题与庞杂的资料如何更好地契合的问题，老师们不断地给我提出宝贵建议。例如，刘和福教授建议我可以尝试聚焦“研究型大学”这个点，这样我的研究主题与我收集的资料之间就会结合得更紧密。初稿形成之后，几经修改，最终完成了博士论文的写作，成为本书的雏形。

在中国科学技术大学读博的这五年，在学术研究上确实感觉很辛苦，这期间我也常常感到困惑和失落，也常常想到过放弃。好在老师和同学们不断给予我鼓励和帮助，让我最终走出了迷茫。中国科学技术大学老师们严谨的治学态度、高超的学术水平和国际化的视野让我受益终身，他们努力拼搏、积极进取，这些闪光的精神形成的良好学术氛围滋养了我，也将鼓舞我继续前进。衷心地感谢老师们、同学们！感谢中国科学技术大学！